落語からわかる江戸の旅

いろは落語づくし

Kazuhiro Inada
稲田和浩

教育評論社

いろは落語づくし　肆

落語からわかる江戸の旅　目次

装幀――花村　広

い

伊勢参り

《三人旅《さんにんたび》》《東《ひがし》の旅《たび》》《軽業見物《かるわざけんぶつ》》《七度狐《しちどぎつね》》《矢橋舟《やばせぶね》》

江戸っ子は「一生に一度は伊勢参り」なんていうことを言った。

伊勢参りとは、伊勢神宮を参拝に行くことだ。

伊勢の内宮には、日本の大御祖神《おおみおやがみ》と言われる天照大御神《あまてらすおおみかみ》が祀られているし、外宮には衣食住を司る豊受大御神《とようけおおみかみ》が祀られている。

せっかく伊勢まで東海道を行くんだから、ついでに京、奈良、大坂の街や神社仏閣を見物して来ようという、確かに一生に一度のイベントにふさわしい。

とは言え、江戸っ子が皆、伊勢参りに行かれたわけではあるまい。それだけのイベントだと費用がいくら掛かるのか、日数は何日掛かるのか。今日みたいに新幹線もバスもない。てくてく歩いて行ったのである。

弥次郎兵衛、喜多八が伊勢参りに行く東海道の道中をおもしろおかしく記した「東海《とうかい》道中膝栗毛《どうちゅうひざくりげ》」(1)では、江戸から東海道を伊勢への分岐点になる名古屋まで、十日あまりの日数が掛かっている。あまりというのは、大井川の川止め(2)で、島田宿の二つ手前の岡部宿で数日間逗留している。ここを一泊で通過出来ても十日であるから、東京、名古屋が現在の国道1号で三百八十キロ、ざっくり計算しても一日四十キロ歩いていることになる。また、弥次喜多は茶店で名物を肴に一杯やったり、お姉ちゃんを口説いたりと、寄り道も多い。そんなに歩けやしないと思うが、草臥れれば駕籠に乗ったり、馬に乗ったりもしている。「奥の細道」(3)の松尾芭蕉《まつおばしょう》(4)も、草臥れれば馬には乗っているから、旅とはそういうものなのだろう。

もっとも頻繁に駕籠や馬に乗っていたら費用が掛かる。ましてや、弥次喜多は名物を食べたり、有料のお姉ちゃんと遊んだり、無料と思ったらしくじりをして銭をとられたり、かなりの金を使っている。

豪遊とは言わないまでも、金銭に余裕があってこその旅であるから、「一生に一度」になるのだろう。

落語では《三人旅》。気のあった江戸っ子三人が、伊勢参りの旅に出る。演者により、東海道、中山道いろいろあるようだが、とくにどの道を通っているかはどうでもいい。馬に乗って馬子をからかい、宿屋で夜に女の子を部屋に呼び（有料の女性）一騒動ある。弥次喜多がスケベなんじゃない。男性の旅なんていうのはそういう楽しみも含めての旅なんだろう（昔は）。

三人が伊勢参りに行くきっかけは、一人が取り抜け無尽で十五両当たった。取り抜け無尽の説明をしていると長くなる。確率の高い民営宝くじに当たったようなものと思えばいい。とんでもない臨時収入があってはじめて旅に出られる。

「一生に一度」とは言っても、ほとんどの人が一度も行くことはなかったのだろう。「老後に豪華客船で世界一周」なんていう夢を現代人が語るのと同じなのかもしれない。江戸っ子は「一生に一度」だが、上方は「伊勢へ七度、熊野へ三度」などと言った。上方から伊勢はそんなに遠くもない（百九十七キロ）から、案外気楽に行かれたのか。いいや。これはそのくらい熱心に参拝せよ、あるいは信仰心の篤いことを言う。

とは言え、上方落語では旅の噺が人気、《東の旅》は伊勢参りの道中を描いたもので、《軽業見物》《七度狐》、帰りは琵琶湖経由で《矢橋舟》など、楽しい噺がいくらもある。

（1）東海道中膝栗毛…十辺舎一九・作の戯作。弥次郎兵衛・喜多八の東海道の珍道中を描く。二人の破天荒な旅模様とあわせ、江戸時代の旅を知る貴重な資料のひとつ。
（2）川止め…橋のない河川で、水かさが増した時に、渡川を禁じた規則。旅人の安全を考えてのことだが、何日も続いて先に進めず、難渋をした者が多かった。
（3）奥の細道…松尾芭蕉が東北を旅した紀行文。元禄十五（一七〇二）刊。
（4）松尾芭蕉…寛永二十一（一六四四）年～元禄七（一六九四）年。江戸中期の俳人。旅を好み、「奥の細道」を著わす。俳句を大成させた。

《三人旅》
　気のあった三人がお伊勢参りの旅に行く噺。道中、馬に乗ったり、旅籠での様子など、江戸時代の旅の様子が描かれる。旅籠に泊まった三人は、夜、女中たちを部屋に呼んで遊ぶことになるが、若い娘の女中は二人しかいない。そこでもう一人、元芸妓の年増を呼ぶことになる。

《東の旅》
　上方落語で、喜六・清八の二人が伊勢参りに行く道中噺。「発端」「煮売屋」「七度狐」「軽業見物」などが行きの噺で、帰りは近江路をまわり、京・伏見から大坂までは「三十石」の船旅で終わる。

《軽業見物》
《東の旅》の一部。喜六・清八が伊勢への道中、通り掛かった村の高市で、軽業見物をする。軽業の仕草が見どころ。

《七度狐》
「へ」参照

《矢橋舟》
《東の旅》の一部。矢橋から大津への船旅の様子と、そこで起こる騒動を描く。上方ではおなじみのネタ。東京でも、柳家一琴、三遊亭わん丈が演じている。

ろ　六十六部

《花見《はなみ》の仇討《あだう》ち》

六十六部とは巡礼の一種。

写経した六十六部の法華経(1)を、六十六箇所の寺に収めるため旅をする巡礼のこと。鼠色の装束で笈《おい》を背負い、鉦を叩き、鈴を鳴らしながら、死後の世界での幸福を祈った。

巡礼にもいろいろある。洋の東西を問わず、宗教的聖地に旅する巡礼は、いつの時代にもいる。「伊勢参り」のような遊山旅ではなく、それこそ、たとえお金がなくても、むしろ金なんか使わずに、辛い旅をしてこその「巡礼」として神（仏とか）から祝福されるのである。宿屋で布団に寝ることなどなく、木賃宿で筵にくるまって寝たり、他人の家の軒先で雨露を凌ぐか、野宿をし、喜捨《きしゃ》された米麦を調理して飢えをしのぎながらの旅である。病気になって死んだら、街道の松の木の根元に埋めてもらえば、松の木の肥やしになって、街道の旅人たちを見守ることが出来る。

現代でも目にするのは、四国のお遍路、八十八箇所巡りだろうか。四国の弘法大師(2)の聖地を旅する。真言宗は密教であるから、聖地の寺もわりと山の中にあることが多く、四国の遍路は過酷である。「同行二人」と笠に書くのは、弘法大師といつも一緒に旅している、という意味だ。四国の人たちは、巡礼に対し、お接待と言って、食べ物をめぐんでくれたり、休み場所を提供してくれたりする。お接待することで、自分たちも巡礼の旅に参加している、ということらしい。今では四国にしか見られないが、全国で巡礼に対しては、一般の人たちがわずかでも喜捨をした。そうすることで、巡礼はお金がなくても旅が出来た。

人は何故、巡礼の旅に出るのか。信仰心から、期間を決めて聖地を一巡して、またもとの生活に戻るというのもある。また、何かの理由で、世を捨てて巡礼となる場合もある。たとえば、子供が死んでしまったとか、仏や神にすがる以外に行き場がなくなり巡礼の旅に出る。四国八十八箇所まわったら、今度は逆にまわって、何周か四国をまわるうちに死んでゆくというのもあったのだ。

六十六部が出て来る落語に《花見の仇討ち》がある。これは六十六部に扮装するだけ。重要なのは背負った笈。花見で賑わう飛鳥山で、浪人と巡礼に扮した連中が仇討ちの俄芝居をやって盛り上がろう、今で言う路上パフォーマンスだが、刀を抜いて立ち会おうというところへ六十六部が間に入り、笈から経文でなく三味線を出し、かっぽれを踊ろうという趣向。瀧亭鯉丈《りゅうていりじょう》(3)が書いた戯作《花暦八笑人《はなごよみはっしょうじん》》(4)が原作。

六十六部に扮した半公が飛鳥山に向かう途中、親戚のおじさんに会ってしまう。

「この間から様子がおかしいと思っていたら、なんだって六部になんぞなっちまったんだ。なんで一言、俺に相談してくれなかったんだ」

おじさんは半公が、何か悩みがあって浮世を捨てて六部になってしまったと思ったらしい。

「違うんだよ、おじさん。これは花見の余興でね」

「何? 相模から四国に行く?」

おじさん、耳が悪かった。

「お前はいいかもしれないが、おふくろをどうするんだ。いいから、なんでも相談に乗るから、とにかく家へ来い」

よほど実感がこもっていたのか。失恋とか仕事の失敗で、巡礼になる者もいたんだろう。そういう奴はすぐに戻って来るんだろうが、誰にも言わず人知れず巡礼の旅に出られたら、家族やまわりの者は、迷惑な話である。

（1）法華経…日蓮宗のこと。「妙法蓮華経」の略。

（2）弘法大師…宝亀五（七七四）年～承和二（八三五）年。平安時代の僧侶。またの名を、空海。唐に渡り帰国後、高野山にて真言宗を開いた。嵯峨天皇、橘逸勢とともに三筆と称された書の達人でもある。若い頃の修業のエピソードは全国にあり、落語にも「大師の杵」というネタがある。

（3）瀧亭鯉丈…？～天保十二（一八四一）年。江戸後期の戯作者。噺や音曲で高座にも上がった。代表作「花暦八笑人」。

（4）花暦八笑人…瀧亭鯉丈・作の戯作。趣味人の八人組が江戸のあちこちで歌舞伎などを題材にしたパフォーマンスを演じる。落語《花見の仇討ち》の原作。

《花見の仇討ち》

花見で賑わう飛鳥山で仇討ち見パフォーマンスをやめろうとする男たちの噺。肝心の仇討ちパフォーマンスの種明かしをする役の六十六部が来ないので、大騒動になる。瀧亭鯉丈・作「八笑人花暦」のワンエピソード。

は

旅籠

《竹《たけ》の水仙《すいせん》》《ねずみ》《三人旅《さんにんたび》》

東海道、中山道など、街道が整備されると、宿場町が出来た。旅人はここで休憩をしたり、宿泊をしたりする。急ぎの手紙や荷物などは、飛脚が宿場町の問屋で中継して次の宿場へと向かった。

旅人の宿は、本陣、旅籠、木賃宿があった。本陣は大名の参勤交代などが宿泊、木賃宿は旅商人や旅芸人、あまり旅に経費を掛けられない者たちが泊まった。安価だが、素泊まりのみ。鍋釜は貸してくれるが（有料）、米や麦持参で自炊して食べる。

一般の旅人は旅籠に泊まる。遊山旅や、お店の商人、公用の武士も旅籠を利用した。

夕刻になれば旅籠の女中が呼び込みに立つ。

「もしお泊りではございませんか。あなた様、お泊りではございませんか？」
「俺か」
「いいえ、あなたではございません。そちらのお方で」

旅人も形《なり》が悪いと呼び込みに声も掛けられない。薄汚れた形で旅に出た左甚五郎《ひだりじんごろう》(1)の噺《竹の水仙》のはじまり。旅籠の女中、番頭は形で懐具合がわかる。左甚五郎は一文なしだった。そんな甚五郎に声を掛けた人のいい旅籠の主人、善良な人間だから幸運がやってくるというのが、落語のお約束だ。甚五郎だと、このあと、晩年の甚五郎が奥州へ旅し、仙台で子供の客引きに呼ばれ、病で寝たきりの父と子供がやっている旅籠に泊まり、父子を助ける《ねずみ》もおなじみ。

呼び込みに誘われて、宿が決まると、旅籠の玄関先で女中が草鞋の紐を解いて、足を洗ってくれる。そんな景色が《三人旅》に描かれている。

「さぁさぁ、足、つん出してくだせえ。足、洗いますだ」
「洗ってくれるか、すまねえな」

「お前さんの足見ていると、故郷のことを思い出す」
「故郷の色男を思い出すのか」
「おら、故郷でよく馬の足洗っていたでよう、お前の足は毛深いから、馬の足を思い出す」

街道の宿場より、もっと田舎から、出稼ぎに来ている娘っ子だ。

「お客様、お風呂もどんどん沸いてますだ。おまんま(2)も炊けてますだ。風呂に先に入りますか、それともおまんま食べますか」

しばらくすると、

主人が怪しげな茶菓子を盆に乗っけましてね、小紋の羽織をひっかけまして、咳払いだけは仰山に、

「さっそくですがお宿帳(3)をお願いいたします。お名前をうかがいとうございます」

晩飯に酒を頼むと、さっき足を洗ってくれた女が酌に来る。

「お前みてえな容貌な女は江戸にも沢山はいねえぜ。お前、年齢はいくつだ」

「おらけ。じょうごだよ」

「片口[4]みてえな顔して、年齢は漏斗[5]か」

「そうじゃねえだよ。じょうさん、じょうし、じょうごだよ」

「お前みたいな姐さんはここの家には何人いるんだ?」

これから女中を夜に部屋へ呼ぶ交渉に入るわけだが、この先は公序良俗に反するので、またの機会に。

(1) 左甚五郎…江戸初期の大工。日光東照宮の眠り猫などの作品があるが、彫刻の名人というのは、講談の創作で、ほぼ伝説の職人である。

(2) おまんま…米のご飯のこと。

(3) 宿帳…旅人の氏名、所、身分などを記す帳面。

（4）片口…一方だけに注ぎ口のある鉢。
（5）漏斗…液体を口径の大きい器から小さい器に移す時に用いる道具。

《竹の水仙》

東海道を旅する左甚五郎は実は一文無し。なんとか旅籠に泊まるが、翌朝、宿賃が払えない。宿の主人に竹を取ってこさせて、竹細工の水仙を作る。通り掛かった大名が竹の水仙を見て驚いた。名工の若き日のエピソード。落語だけでなく、京山幸枝若らの浪曲でもおなじみの一席。

《ねずみ》

「ひ」参照

《三人旅》

「い」参照

に

荷物

《三十石《さんじっこく》》

旅人の装束は、だいたい決まっている。桟留縞《さんとめじま》と呼ばれる細かい縞柄の木綿の着物、その上には合羽を着たが、防寒や雨よけで普段は荷物の中に仕舞っていた。尻をはしょって股引、膝から下は脚絆、紺色の木綿の足袋に草鞋《わらじ》履き、肘から手の甲までを覆う手甲は日焼け防止になっている。日よけ雨よけの笠は必需品だ。町人でも護身用に道中差と呼ばれる一尺八寸の短い刀の所持も許された。護身用というよりは、旅人のお洒落の一種でもあったようだ。「東海道中膝栗毛」で喜多八の道中差は竹刀《たけみつ》だった。

荷物は振り分けといって、小さい柳行李《やなぎごうり》を二個。紐で結んで肩から下げる。行李の中身は、着替え、矢立（筆と筆入れ）、帳面（手帳、日記帳）、扇子、糸針、懐中鏡、櫛、提灯、蝋燭、麻縄、火打ち石、煙草、薬など。

着替えもそんなには持って行かれない。洗濯出来る木綿もの、浴衣などを畳んで入れた。

矢立と帳面は、主に金銭の出納を記した。旅はお金が掛かるから無駄使いをしないよう、きちんと記録しておく必要もあったのだろう。また、日記なども付けた。風流を嗜む旅人は、俳句や狂歌などを詠んで旅の想い出とした。

提灯、蝋燭は日暮れまでに次の宿場に着けなかった時は必須。街灯などないのだ。

麻縄は旅先で着物を洗濯して干すのに用いた。長旅でも何着も着替えを持ってゆく余裕はない。旅人は道中まめに洗濯をした。

旅枕というのも荷物の中にあった。枕を持って旅に出るのは商人など旅慣れた人。引き出し付枕で、貴重品を入れる。頭の下なら盗難にもあいにくい。

薬は胃腸薬、解毒薬や簡単な傷薬などを印籠に入れ常備した。煙草の葉も傷薬として用いた。印籠、煙草入れともに腰に差した。


変わった荷物が出て来る噺に、上方落語の《三十石》がある。京・伏見から大坂までの船の道中。

混んでいる船の中だが、女性の客と聞いて、皆、場所を詰めて空ける。

「これはお女中の荷物だ。受け取ってくれ」

「置くところなんかないよ。おい、お前の頭の上のところに吊るしてやれ。親切な人だってんで、喜ばれるぞ」

そんなことを言ってどんな美女が来るのか楽しみにしていたら、やって来たのは婆さん。女には違いない。


「私の荷物はどこでしょう」

「お前の荷物はここにぶら下げてあるよ」

「おろしていただけませんか」

「おろしてやるけれど、荷物の中はなんだ？」

「歳をとると、しっこが近うなりますので、便器《おかわ》を持って参りました」

「お前の頭の上に吊るしたのは、婆さんの便器だ」

「おい、変なものを吊るすなよ」

船旅には便器も必需品。歳を取ると旅も荷物が増えて大変だ。

《三十石》

上方落語。《東の旅》の一部。京・伏見から、大坂・八軒屋までの淀川の船旅の様子を描く噺。初代桂文枝が得意にしていたという上方の真打ネタ。東京では、六代目三遊亭圓生、二代目桂小南が演じていた。

ほ
北海道
《弥次郎《やじろう》》

明治のはじめくらいだと、北海道に行ったことがある人なんて、ほとんどいなかったのだろう。

日本の北の果て、陸奥国(1)から海を隔てたはるか先だ。どんなところか興味はあるが、その場所の想像すら出来なかったろう。なんとなくわかるのは、北だから。寒いんじゃないかということくらいだ。

《弥次郎》は、弥次郎という男が北海道に行った土産話をするという噺。ただ、弥次郎は嘘つきで有名。おそらく北海道に行ったことが、そもそも嘘だ。だいたい、なんの用事で北海道に行くんだ？　普通の江戸っ子が北海道に行く用事なんてない。

昔の小噺で、

「どこ行くの？」

「北海道」

「何しに？」

「鮭、買いに」

というのがあったそうだ。今ではこの噺の何がおもしろいのかすら、よくわからない。

《弥次郎》だ。

「北海道は寒い、寒い」

やはり、「寒い」を強調する。

「なんでも凍る。小便が凍る」

これはホントらしいね。

「火事も凍る」

これは嘘。当たり前だ。

水をかけたら凍って、火事が凍りついて実に美しい。

「これは珍しい、東京に持って行ったら高く売れるだろうと思いましてね、牛の背に積んで運んで来ましたら、奥州のあたりで火事が溶けまして、牛がぼうぼう燃え出した。水をかけたが消えない。消えないわけだ。焼け牛（石）に水(2)」

「鴨を取りに行くよ、というんで土地の人に付いて行きました。鉄砲を持たずに、鎌を一つ持って行く。池に参りますと、鴨が水の上におります。その時、一陣の冷たい風が吹いたかと思うと、池が凍りまして、鴨が動けなくなる。そこを首をつかんで、鎌で切って取って参ります。切った足が残っております。ここから春になると、芽が出て来て、これがホントのカモメという」

だいたいが落語だから。洒落が落ちになって、嘘話だとわかる。

でも聞いているうちは、そんな馬鹿な、と思いながらも、ホントか嘘かなんて、わからない。

北海道なんて、誰も行ったことのない時代。でも、開拓団が行ったりして、そういう場所が、北の果てにあるということは、新聞とか読んで知っている。どんなところだろうね、たぶん寒いんだろうね、と想像をくゆらせることはあるのだろう。

やがて、食べ物がおいしいとか、広いとか、景色がいいとか、冬は寒いけれど夏は涼しいとか。汽車が通って便利になった、なんて聞くと、行ってみたい、実際に行った人が出て来ると、こんな嘘話はあまり面白くはなくなってしまう。

情報がない時代だから面白いこともあったのかもしれない。

(1) 陸奥国…東北地方のこと。現在の、青森、岩手、宮城、山形、福島県をいう。

(2) 焼け石に水…わずかばかりの援助では効果がない、どうにもならないという意味。

《弥次郎》

うそつきで世間に知られた弥次郎が北海道に行った土産話をする。もちろん、全部嘘。帰路は奥州で、山賊や猪相手に大暴れし、話は紀州へ飛んで、安珍・清姫の話へと嘘がエスカレート。長い噺だが、面白いところを十分ほど寄席で演じられることが多かった。最近ではあまり聞かない。六代目三遊亭圓生は寄席で演じていた。立川談志は《弥次郎》に《南極探検》（作・春風亭柳昇）をくっつけて馬鹿馬鹿しく演じたものをＣＤにしている。

へ べちょたれ雑炊

《七度狐《しちどぎつね》》

街道が整備されているとは言っても、現代の道路とは違う。何かの拍子に道に迷うなどということはある。旅人が道に迷い日が暮れる。腹も減るが、そんなことよりもうっかり野宿なんていうことになったら、自分たちが狼の餌になりかねない。ようやく遠くに見える灯り。行ってみるとそこは寺。まさに地獄に仏だ。しかし、

「当寺は尼寺、殿方をお泊めするわけには参りません」

上方落語《七度狐》、そこは尼寺だったが、旅人二人は草臥れ果てて歩けない。

「お泊めするわけには参りませんが、本堂でお通夜をなさるというのであれば」

本音と建前、形式的には通夜、一晩中、経を唱えなければならないのだが、本堂の片隅で寝かせてもらえることとなる。

「空腹のご様子、雑炊が炊いてございますから、よろしかったらお上がり」

案外親切な尼さんだった。ふるまわれた食事が、べちょたれ雑炊。名前を聞いただけで食欲をなくすが、それでもいい匂いと空腹には勝てずに旅人は椀をとる。しかし、雑炊の中には色々な異物がある。

「堅い、なんやこれは。すんませんが、この雑炊の中に入っている、堅くて、噛むと甘い汁の出る、この藁みたいなもんはなんですか?」

「ああ、それは藁ですな」

「藁? 冗談じゃない。おかしなもの入れんといてください。このなんですかな、口の中でジャリジャリいう土のようなものは一体なんですか?」

「ああ、それは土です」

「えええーっ、藁はともかく、なんだって土なんか雑炊の中に入れるんですか」

「いやな、ちょっと味噌が足らんよってに、赤土を混ぜてみたんですがな」


藁食べて赤土食べて、腹の中に壁が出来てしまう。

他にも、イモリやら蛙やらが出汁に入ったべちょたれ雑炊、いくら空腹とはいえ、食べられるものではない。旅に出ると色々な受難にあう。

実はこの尼寺、尼寺ではなかった。うっかり鉢を草むらに放り投げ、昼寝をしていた狐に当ててしまった旅人が狐の祟りで七度化かされる。狐の術が作り出した寺だった。

《東の旅》はお伊勢参りの噺。信仰を兼ねた遊山旅であるから、旅人も金を持っている。所々の名物を食し、地酒を飲んだり楽しい旅が、狐に化かされ、べちょたれ雑炊を食べることになるところがおかし味。その前には、狐の術で麦畑が川に見え、素裸になって、麦畑を歩かされる。寺ではこのあと、尼さんが出かけ、葬式を持ち込まれて、遺体が棺桶から飛び出してきたり大騒ぎになる。

狐に化かされるのはご愛嬌、護摩の灰に財布を盗まれたりでもしたら一大事。寺や農家に一夜の宿を借り難渋の旅をせねばならない。食べ物まではふるまってはもらえない。麦飯ならいいほう、それこそ稗、粟の代用食をわけてもらえれば運がいい。いや、そういう苦難もまた旅の楽しさというものなのかもしれない。

江戸も後期になると、為替(1)が整備されたため、大金を持って旅をすることも少なく、宿場に着いて必要なだけの現金を受け取るということが出来た。全財産盗られて、乞食をしながら家まで帰るなんていうことにはならずに済んだようだ。

(1)為替…江戸時代、現金のやりとりを直接せず、両替屋を通して、為替切手で取引を行うこと。盗難などの安全性や、江戸と大坂、地方の取引に便利だった。また、江戸時代は金銀銭が変動相場で動いていたり、米なども貨幣と同じ価値があったので、為替相場で利ざやを稼ぐことも出来た。現在では、通貨の異なる海外との取引などで用いられる。

《七度狐》

上方落語。《東の旅》の一部。上方の気のあった二人が伊勢参りの旅に出るが、道中、悪い狐のために七度の災難に遭う。桂米朝はじめ多くの落語家によって演じられている。実際に化かされるのは、川の件、寺の件、大根の件の三度くらい。桂文珍が、落語作家の小佐田定雄の協力を得て七度化かされるバージョンをCD化した。

と

逃亡

《城木屋《しろきや》》《双蝶々雪《ふたつちょうちょうゆき》の子別《こわか》れ》

旅の理由は、遊山や商売などいろいろあるが、やむにやまれず旅に出る、というのもある。たとえば、犯罪を犯したり、その土地にいられない理由があって旅立つ場合もある。逃亡だ。

《城木屋》、この噺は三題噺で作られたという。「大岡政談《おおおかせいだん》」⑴の「白木屋政談《しらきやせいだん》」⑵、「髪結新三《かみゆいしんざ》」⑶でおなじみ「恋娘昔八丈《こいむすめむかしはちじょう》」⑷の登場人物の名前を借りて作られている。城木屋の娘、お駒は美女だが、お駒に惚れている丈八は醜男で相手にされない。丈八は店の金を盗んで出奔、だが、お駒が婿を取るという噂を聞き江戸に戻り、お駒を殺して自分も死のうとするが、お駒殺しは失敗し捕縛される。

大岡越前守⑸に尋問された丈八は、

「はじめはお駒さんの色品川に迷い、川崎ざきの評判にも、あんな女を神奈川に持ったなら、さぞほどもよし保土ヶ谷と、戸塚まいて（とっ捕まえて）口説いても。首を横に藤沢の、平塚の間も忘れかね、そのうち大磯こいそとお駒さんの婿相談、どうぞ小田原（小田原評定(6)の意味）になればよいと、箱根の山にも夢にも三島、沼津食わず（飲まず食わず）におりましても、原は吉原、いまいましいと蒲原立てましても、口には由比かね、寝つ興津（起きつ）、江尻もいたしておりました」

お駒とのいきさつを最初の逃亡、府中までの東海道の道中付けで語る。

昔の噺はよく出来ている。こういう洒落を、三題噺(7)でほぼ即興でこしらえた。道中付け(8)にはあふる程度雛型があるが（沼津はたいてい「沼津食わず」）、昔の落語家や戯作者は、そういうものが頭の中に入っていたのだろう。

ちなみに元の「恋娘昔八丈」は、白木屋の娘、お熊が婿の丈八を嫌って、毒殺しようとして捕縛され、夫殺し未遂で大岡越前守に裁かれて死罪になる。どっちも丈八は醜男で（「恋娘昔八丈」は醜男とまでは言っていないが）いい役処ではない。

《双蝶々雪の子別れ》、前後半で演じられる人情噺、切れ場がそれぞれ主人公長吉の逃亡で終わる。長兵衛の妻は息子を産むとすぐに死んでしまった。赤ん坊は長吉と名付けられた。長吉を育てるために長兵衛は後妻のお光を迎える。長兵衛もお光も懸命に長吉を育てていたが、近所のお喋りが長吉に「お前の母親は実の母親じゃない」と告げたため、長吉はぐれる。長吉は近所で度々盗みを働く。親はなんとか更正させようと奉公に出すが、悪い仲間と付き合うようになる。表向き真面目に働いている長吉だが実はスリの仲間に入る。これを番頭の藤九郎に知られて強請られる。さらには丁稚の定吉にも知られてしまう。長吉は定吉と藤九郎を殺し、店の金を盗んで出奔するのが前半。

長兵衛は病になり、お光がもの乞いをして細々暮らしている。たまたま通り掛かった長吉はもの乞いをしているお光に金を渡す。自分がぐれてしまったために親が不幸のどん底にあることを後悔する。だが、長吉は大盗賊の親分となっていた。長吉のもとには捕吏の手が迫っていた。雪の降り出す中、長吉は長兵衛と別れ、捕吏に追われながら、ふたたび逃亡する。

後半は親子の人情噺となる。長吉は大盗賊の親分だが、不孝をした実の親、そして、反抗して苦労を掛けた育ての母の零落を見て、悔やむ。だが、時すでに遅し、という展閑だ。長兵衛は長吉が盗賊になったことを知っている。自分たちには未来がないことも知っている。長吉は哀れな両親を捨てて逃げるしかない。

最初の逃亡は、悪の限りを尽くし（幼い子供の定吉を残酷に絞殺する）、自らが悪党として生きてゆく決意、悪ではあるが未来に向けた逃亡だ。後半は、親を見捨て、ただ捕吏の手から逃れるための、いずれは捕縛されることもわかっている悲惨な逃亡だ。逃げる旅も、同じ人物でも違った色を見せるものなのだろう。

（1）大岡政談…大岡越前守の裁きを題材にした物語、講談のネタ。大岡越前守の裁きの頓才や、弱者の味方である趣旨から、奇策をもって弱者を救済する人情味ある裁判を「大岡裁き」と呼んだ。

（2）白木屋政談…大岡政談で白木屋（白子屋）事件を扱った講談のネタ。白木屋の娘、お駒が持参金目当てでもらった婿の丈八を嫌い、殺そうとした殺人未遂事件。大岡越前守が裁き、お駒は死罪となった。

（3）髪結新三…歌舞伎「梅雨小袖昔八丈」の俗称。またはその主人公の名前。芝居は、実際に起こった白子屋事件を題材にした。歌舞伎でよく上演される。戦前の映画「人情紙風船」（監督・山中貞雄）といった名作にもなっている。

（4）恋娘昔八丈…白木屋事件を題材にした物語のタイトル。

（5）大岡越前守…大岡忠相。延宝五（一六七七）～宝暦元（一七五一）年。江戸中期の行政官。山田奉行から、江戸南町奉行に抜擢され、享保の改革に当たった。名奉行としての数々の裁きは講談によるところが多い。

（6）小田原評定…長いだけで解決策の出ない会議のこと。豊臣秀吉が小田原城を攻めたおり、小田原方は交戦か和議かで会議を続けているうちに攻め滅ぼされてしまったことによる。

（7）三題噺…客席から三つの題（物の名前など）をもらい、ほぼ即興で落語を作る、寄席のご趣向。初代三笑亭可楽が三題噺で人気を博した。《芝浜》《鰍沢》は三遊亭圓朝の三題噺と言われている。現在でも、三遊亭圓丈、白鳥らがやっている。

（8）道中付け…落語や浪曲で、旅や道行などの場面で、地名などを折り込ん語ること。落語では《黄金餅》で上野から麻布までの道中付けが有名。浪曲では「慶安太平記」「大石山鹿護送」など多くのネタで道中付け独特の節を聞かせる。

《城木屋》

城木屋の番頭、丈八は美人の娘、お駒に惚れていたが、醜男なので相手にされない。丈八は城木屋の金を奪って駿府へ逃亡したが、お駒のことがあきらめられない。「大岡政談」が題材。

《双蝶々雪の子別れ》

人情噺で、長吉が定吉と番頭を殺して出奔するところまでか前半、盗賊となった長吉が義母と再会し、捕吏に追われるまでが後半。上下にわけて演じられる場合が多い。タイトルは歌舞伎の「双蝶々曲輪日記」より。物語に共通はなく、登場人物の名前のみを借りている。六代目三遊亭圓生の定吉殺しの場面が迫真で、それを真似てやりたがる落語家も多い。

お江戸こぼればなし　壱

飛脚

飛脚はそれこそ律令の時代から存在した。街道も宿場もない時代には、ところどころに駅が設けられ、馬を乗り継いで信書や金銭を運んだ。まだその頃は飛脚とも呼ばれず、すべては公的なものだった。

一般の人が飛脚を用いるのは江戸時代になり、街道や宿場町が整備されてからで、宿場に飛脚問屋があり、荷物を渡して、次の飛脚が走る。まさに駅伝である。

幕府は継飛脚を用い、これは何よりも優先されたから早かった。大名は江戸と領国を結ぶ独自の飛脚を抱えている藩もあったが、多様性と経費の問題から、町飛脚を利用することが多くなる。宿場や問屋の制度が確立すると、効率性がよくなり、飛脚も少しづつ安価になっていったのだろう。

町飛脚はだいたい、江戸と大坂を八日くらいで走った。速達便は四日ぐらいで届いたらしい。最短で三日の記録がある。

飛脚の料金は時代によるが、江戸、大坂間の普通便で六十文（千二百円）。ただし十日からそれ以上掛かるが、元気を知らせる便りなら、それで十分だ。速達便だと、銀七百匁(百四十万円）と一気に値上がる。相場の変化などを迅速に伝えると大きな利益を生んだ。

江戸時代も情報は大事だったということだろう。

ち

茶店
《二人旅《ににんたび》》

街道には茶店がある。いわゆるお休み処だ。

ほったて小屋か、葦ず張り、「休処」の暖簾を上げて、床机が並んでいる。時代劇では緋毛氈《ひもうせん》が掛けられていたりするが、江戸時代だ。寺社の境内の茶店はともかく、街道の茶店ではそんな贅沢はない。床机というよりは、座ればいいような台があり、腰をおろして一服つける。欠けた湯呑で茶だか湯だかわからないような茶が出て来る。

たいてい爺か婆が店番している。時代劇には若い娘も出て来るが、落語はリアリティーの芸能(1)だから、茶店に出て来るのは爺か婆である。

二人の旅人が茶店の婆とやりとりする落語が《二人旅》、上方では《東の旅》の一席で《煮売屋》、《七度狐》や《軽業見物》の前半で演じられることもある。関東でも《長者番付》

などの前半で演じられる。

旅人二人が言葉遊びなどをしながら、暢気に歩いている。

「おい、もう草臥れたよ。どっかで昼食《ちゅうじき》にしよう」

「しょうがねえなぁ。あそこを見ろよ」

「どこだ」

「俺の指の先見てもしょうがねえや。暖簾がちらちら見えるだろう。暖簾を読め」

「ひとつせんめし、ありゃなきゃ、なんだかよくわからねえな」

「なんて読み方するんだよ。一膳飯あり、やなぎ屋、って読むんだよ」

一膳飯、ちょっとした食事が出来る茶店だ。

旅の楽しみに、土地の名物を食したり、地酒などを飲んだりするというのがある。たいていは美味しいものなんかない。素朴な味付けの田舎料理や地酒などを食しても決して美味いものではないはずだが、それでも旅ならではの気楽さが、素朴さを味わい深いものに変えてしまうものかもしれない。

「はいはい。ここらにはいいお酒がございますよ。むらさめ、にわさめ、じきさめ、いいましてな」

「むらさめっていうのはどんな酒だい」

「飲むといい心持で酔えますだよ。それが村出る頃には綺麗に醒めますだ」

「じゃ、にわさめは?」

「これもええ心持で酔えましてな。庭出ると醒めます」

「じゃ、じきさめは?」

「飲んでるじきに醒める」


食べ物も似たようなもの。


「そこにタニシ(2)が煮てあるだろう。それを肴にしようじゃないか」

「これはタニシじゃねえだよ。焼き豆腐を煮なおしたら、角がとれて丸くなった」

「豆腐の角が取れた? 何度煮直したんだよ。いつのだ」

「そんなに古くはねえだよ。八幡様の祭礼に出した煮しめの残りだ」

「八幡様の祭礼ってえのは去年か」

「一昨年」


旅人相手の商売、リピーターにはならないから。なんでもアリだ。

（1）落語はリアリティの芸能…落語は庶民の芸能であるから、生活や行動が現実的に描かれている。もちろん、笑いをとるための誇張はあるが、それすら、ありそうな嘘、あってもおかしくない誇張で綴られている。ただし、それをリアリティと言っていいのかは、疑問である。落語にリアリティは似合わない言葉でもある。

（2）タニシ…淡水に生息する巻貝。

《二人旅》

気のあった江戸っ子二人が旅に出る。道中、謎掛けをやったり、都々逸をやったり。たわいのない会話でのんびりした遊山旅の風情が感じられる。上方では茶店での、旅人と茶店の老婆のやりとりを中心に《煮売屋》という演題で演じられている。旅の噺の導入部であり、寄席などではこの場面だけで演じられているが、ここから《七度狐》や《長者番付》に続く場合もある。

り

旅行

《旅行日記《りょこうにっき》》《峠《とうげ》の茶屋《ちゃや》》《おらが火事《かじ》》《銀婚旅行《ぎんこんりょこう》》《旅行鞄《りょこうかばん》》

人はいつ頃から旅をしているのか。

それこそ太古の昔は食べ物を求めて集団で旅をしたのだろう。

国が統治されると、国司(1)などの役人が中央から派遣され、それなりの軍隊とともに旅をした。

物資を移動させてお金を儲ける旅商人もいた。物のない地域に物を運ぶ、金儲けだけではない、社会のシステムとしての旅商人や、芸をしたり山の物を村に運んで売る放浪の民などもいたりした。

一般人が旅をするようになったのは、平安時代の中頃だそうだ。西国巡りの巡礼などで、街道も宿場もない時代の旅は過酷以外の何ものでもなかった。何かの「願かけ」などか、余程の信仰心か、あるいは死を悟った人が来世での幸福を願い、現世のすべてを捨てて旅に出た。そういう人は旅先で死んで見知らぬ場所に葬られるのだろう。

江戸時代になり、街道や宿場が整備されると、信仰に名を借りた「伊勢参り」などの遊山旅が行われるようになる。名所、景勝地を訪ねたり、土地の名物を食べたり、土産を買ったり、「楽しむ」ための旅が行われるようになった。とは言え、江戸時代は女性の旅は原則、許されていなかったし、遊山旅が出来るのは富裕層に限られた。江戸後期で、景気が右肩上がりになり、庶民も旅が現実味となってくる。

旅が「旅行」と呼ばれるようになったのはいつ頃だろうか。やはり、鉄道が敷設され、旅がかなり気楽に出来るようになってからのことだろう。

修学旅行、新婚旅行、家族旅行、なんていう言葉が出来る。修学旅行のはじまりは明治時代だが、当時は軍事訓練だった。ハイキングでなく軍装で行軍(2)した。楽しくもなんともない。昭和三十三(一九五八)年に学習指導要領(3)に修学旅行が明記されて、教育の一環として行われるようになり、修学旅行専用列車(4)が走ったりもした。

新婚旅行の始まりは坂本龍馬だなどという人もいるが、新婚旅行ではあるまい。欧米文化としてのハネムーンを「新婚旅行」として紹介されたのが明治二十二(一八八九)

年だそうだが、自由結婚の時代ではなく一般には受け入れられなかった。恋愛結婚が一般化した昭和三十年以降、新婚旅行も行われるようになった。関東では伊豆、関西では和歌山がよく行かれたが、のちにテレビドラマの影響や国鉄のキャンペーンで宮崎が人気となった。

観光旅行が一般的になったのは高度経済成長(5)の時代になってからだろう。

この時代の新作落語には旅行を題材にした作品が現われるようになる。

男性二人の気楽な旅行を描く《旅行日記》(作・初代林家正楽《はやしやしょうらく》(1)、演・五代目古今亭《ここんてい》今輔《いますけ》(2)ほか)、都会から観光旅行に来た男が茶店の婆さんをからかう《峠の茶屋》(作・初代林家正楽、演・五代目古今亭今輔ほか)、婆さんは男の嘘話を聞いて、「おーどれーたよーっ」を繰り返すが、婆さんは何度も東京に行ったことがあり、嘘話の馬鹿馬鹿さに驚いていた。田舎の婆さんも東京旅行に行く時代だ。田舎のおじさんたちの団体旅行でのすったもんだを描くのが《おらが火事》(作・古城一兵《こじょういっぺい》(3)、演・五代目古今亭今輔)、旅慣れていないおじさんたちは「旅の心得」なんていう本を持って行く。《銀婚旅行》(作、演・三遊亭圓右《さんゆうていえんう》(4))は熟年夫婦が旅先でちょっとはめをはずす様が楽しく描かれる。

《旅行鞄》（作・大野《おおの》桂《かつら》(5)、演・二代目桂枝太郎《かつらえだたろう》(6)、桂米丸《かつらよねまる》(7)）は列車の中に旅行鞄を忘れて騒ぎになる。楽しい旅もトラブルに巻き込まれることもあるが、笑いに転じるのも落語だ。

（1）国司　古代～中世に、地方統治のため任ぜられた行政官。
（2）行軍…軍隊が輸送機関を用いずに移動すること。
（3）学習指導要領　文部科学省が定める教育課程のカリキュラム。
（4）修学旅行専用列車…昭和二十四（一九四九）年頃から走り始めた修学旅行のための臨時専用列車。
（5）高度経済成長…一九六〇年代～七〇年代の重工業を中心とした産業、経済などが発展した時代。日本経済がすべて昇り調子だった。家電製品がどんどん増え、生活様式がガラリと変わった。
（6）初代林家正楽…明治二十九（一八九六）年～昭和四十一（一九六六）年。落語家、紙切り芸人、落語作家。代表作《峠の茶屋》《さんま火事》など。
（7）五代目古今亭今輔…明治三十一（一八九八）年～昭和五十一（一九七六）年。おばあさん落語で人気を博した落語家。得意ネタ、《お婆さん三代姿》（作・正岡容）、《ラーメン屋》（作・有崎勉）など。新作落語のほか、《江島屋騒動》《もう半分》《もうせん芝居》などの古典も手掛けた。
（8）古城一兵…昭和十七（一九四二）年～平成十五（二〇〇三）年。演芸作家。時代の風俗をとり入れた、団地落語、サラリーマン落語を多く創作。代表作《夕焼け親子》《相合傘》など。
（9）三遊亭圓右…大正十二（一九二三）年～平成十八（二〇〇六）年。落語家。粕谷泰三のペンネームで新作落語を創作し、口演。代表作《銀婚旅行》《鯉の駅前》など。スキンヘッドがトレードマークで、石鹸、紙おむつ、爪きりなどのコマーシャルに出演、茶の間の人気を得た。
(10) 大野桂…昭和六(一九三一)年〜平成二十(二〇〇八)年。演芸作家。桂米丸、三遊亭金馬、内海桂子・好江らに作品を提供、六十〜七十年代の新作黄金時代を支えた。代表作に《旅行鞄》《宝石病》《子なさせ地蔵》など。著書に「河童の研究」(三一書房)などがある。
(11) 二代目桂枝太郎…明治二十八(一八九五)〜昭和五十三(一九七八)年。落語家。《自家用車》(作・鈴木みちを)などの新作や、時事漫談を手掛けた。浅草演芸ホールの開場に尽力。
(12) 桂米丸…大正十四(一九二五)年〜。落語家。師匠今輔より新作の英才教育を受け、寄席やメディアで活躍。代表作《ジョーズのキャー》《びっくりレストラン》など、有崎勉作品や古城一兵作品を手掛ける。

《旅行日記》

友達二人で旅行に出掛けるが、友達のおすすめの宿屋はなんか怪しい。かつて友人は豚や鶏の鍋が食事に出たと言うが、実は伝染病で死んだ豚や鶏だったことが判明。初代林家正楽・作。現代でも寄席でたまに演じられている。

《峠の茶屋》

田舎に旅行に来た都会の若者二人、茶店の婆さんをからかってやろうと、嘘話を聞かせると、婆さんは「おーどれーたよー」を連発する。初代林家正楽・作。五代目古今亭今輔のお婆さん落語の傑作。

《おらが火事》

田舎の村の連中が温泉旅行に行き起こる珍騒動。古城一兵・作、五代目古今亭今輔・口演。

《銀婚旅行》

銀紺旅行に行った夫婦の珍騒動。粕谷泰三・作。

《旅行鞄》

電車の中に忘れた旅行鞄を巡る騒動を描く。大野桂・作、桂米丸・口演。

ぬ

抜け雀

《抜《ぬ》け雀《すずめ》》

旅人の絵師が出て来る落語で《抜け雀》というのがある。

絵師は狩野派(1)というだけで、とくに名前は名乗らない。師である父に反発し、家を飛び出して放浪の画家となった。

落語に出て来るアーチストは、天真爛漫というか、ものを考えていないというか、《抜け雀》は五代目古今亭志ん生《ここんていしんしょう》(2)の十八番で、天才肌のアーチストを我がことのように語った。

一文なしで旅をして、ある宿屋に泊まった。

数日、飲みたいだけ酒を飲み、主人が勘定に行くと、一文なしが発覚した。

「じゃなんですか、一文なし、からっけつ?」

「からっけつとはなんだ。ないものはしょうがない」

「こんなにお酒も飲んで、どうするんです?」

「飲んじゃったものはしょうがない」


一文なしで威張っているのも、一芸に秀でた者の常。

いろいろ話したすえに。


「抵当に絵を描いてやる。あそこに衝立の新しいのがあるな」

「これはね、十日前に江戸の経師屋《きょうじや》(3)が泊まったんですがね、これが一文なしで、抵当にこしらえていったんです」

「うん。その経師屋、一文なしで旅するだけあって、いい仕事をしておる」

「一文なしを褒めてどうする」

「これに絵を描いてやろう。何を描いてやろうか」

この絵師が雀の絵を描き、

「雀を五羽描いた。一羽が一両で五両の抵当だ。これは抵当に置いてゆくのであるから決して売ってはならぬぞ。よいな」

威張って、雀の絵を描いて、旅立って行く絵師。

この絵師が名人で。衝立に描いた雀に命が宿り、朝、絵から飛び出して、隣の屋根で餌をついばみ、また絵に戻る。

これが評判になり、宿屋は大繁盛する。

絵には千両の値がつくが、「売ってはならぬ」と言われているので、売れない。

ある日、老絵師が泊まる。

「この男なら、このくらいのものは描くであろうが、心が定まっていないから、こんなものしか描けないのだ。主人、この雀はまもなく落ちて死ぬ」

「冗談じゃないよ。千両の雀が落ちて死ぬって」

「こういうものを描く時は、止まり木を描かねばならぬ。わしが止まり木を描いてやる」

老絵師が籠を描いた。この老絵師は一文なしの父の名人で、絵は二千両の値がつく。

やがて雀を描いた絵師は世に出て、宿屋を訪ね、親不孝を絵に詫びる。

「俺はなんという親不孝なんだ。衝立を見ろ。親を駕籠かきにした」が落ち。

駕籠屋は当時は雲助と呼ばれて、決して身分の高い仕事ではなかった、親に駕籠をかかせた（描かせた）という説明をマクラでふる落語家もいる。「双蝶々《ふたつちょうちょう》曲輪《くるわ》日記《にっき》」(4)という浄瑠璃にも「現在親に駕籠かかせ」という文句がある。

（1）狩野派…日本画の流派。室町時代から幕末まで、日本最大の絵画の派閥で、画壇を支配した。

（2）五代目古今亭志ん生…明治二十三（一八九〇）年〜昭和四十八（一九七三）年。落語黄金時代に活躍した落語家。なめくじの出るような長屋に住んだり、借金取りをごまかすために何度も改名したりというような極貧生活を経て、昭和十四（一九三九）年五代目古今亭志ん生を襲名。五十歳を過ぎた頃より、破天荒な人生模様が芸風に現われ、天性のおもしろさで人気を博した。独特のフレーズからかもし出される雰囲気は他の追従を許さない。演目の数の多さといい、実は努力家であったという説もある。長男は故金原亭馬生、次男は故古今亭志ん朝。

（3）経師屋…掛け軸の表装や、襖の張替えなどを行う職人。

（4）双蝶々曲輪日記…歌舞伎の演目。二代目竹田出雲、三好松洛、初代並木千柳・作。山崎屋の若旦那与五郎と遊女吾妻、与兵衛と遊女都の二組の恋話を軸に、力士の濡髪、放駒の勝負が絡む物語。代官となった与兵衛と、おたずねものとなった濡髪の引き窓を用いた場面の演出から「引き窓与兵衛」とも呼ばれている。

《抜け雀》

旅の絵師、旅籠に泊まるが無一文。宿代の抵当（かた）に、衝立に雀の絵を描いた。この雀が衝立から抜け出て、餌をついばむ。これが噂となり、絵から抜け出る雀を一目見ようと、大勢の客が詰め掛ける。貧乏な芸術家が旅する噺の傑作。五代目古今亭志ん生らが演じ、現在でも大ネタとしてよく演じられている。

る

流罪

《島衛沖津白浪《しまちどりおきつしらなみ》》《大坂屋花鳥《おおさかやかちょう》》

江戸時代、犯罪者の刑罰に流罪があった。遠島、あるいは島流し、ともいう。死刑になるほどの罪ではないが、そこそこの重罪を犯した者に科せられた。今日の懲役に近いが、懲役との大きな違いは、遠島は有期刑ではなかった。十年とか二十年、我慢して島で暮らせば戻って来られるわけではない。おそらく、二度と江戸の地を踏むこともない、家族とも会えない、島の土となって死ぬ運命にあった。二度と戻れぬ遠い島への旅立ちである。

伊豆七島(1)は政治犯やあるいは文化人が流された。大島、三宅島、そして、八丈島だ。関ヶ原の戦いで敗れた宇喜多秀家《うきたじでいえ》(2)は八丈島に流され、浮田と名を改め代々が明治まで八丈島で暮らした。

伊豆七島の流人は島の女と結婚して暮らす者もいたようだ。

人情噺《島鵆沖津白浪》は侠客、佐原《さわら》の喜三郎《きさぶろう》(3)の話。喜三郎は下総佐原の郷士の長男。男前で女にモテて、十六歳で酒を覚えて放蕩し、家を勘当(4)になる。これにはわけがあって、実は喜三郎は母の連れ子で、弟に家を譲るためにわざと放蕩した。その後、博徒となり、銚子五郎蔵(5)の身内の一人として「天保水滸伝《てんぽうすいこでん》」(6)にも登場する。

一方、喜三郎に想いを寄せていたお虎という女、江戸へ出たが暮らしの金がままならず吉原に身を売り花鳥となる。ここで梅津長門という貧乏旗本の若様とわりない仲になるが、長門は金に詰まり、花鳥に逢うため辻斬り(7)をする。捕吏に追われた長門を、花鳥が吉原に火を放って逃がす。

十代目金原亭馬生《きんげんていばしょう》(8)は花鳥と長門の場面のみを《大坂屋花鳥《おおさかやかちょう》》として演じた。火の海となった吉原に佇む、捨て鉢な女、花鳥を鮮やかに描いた。確かにこの場面だけでも成立する。しかし、この噺の醍醐味はさらにここからである。

捕縛された花鳥の女牢での話も出色。やがて花鳥には遠島の沙汰が下る。

これより流人船の花鳥の辛い旅がはじまる。

だが辛いことばかりではないのが物語だ。花島は島で、喜三郎と再会し結ばれる。明治時代の名人で《島衛沖津白浪》を手掛けた談洲楼燕枝《だんしゅうろうえんし》(9)の速記が残っている。何故か三宅島に流刑になったことになっている。本来は八丈島に行くところ、海が荒れて三宅島に留まったとある。柳《やなぎ》家《や》三三《さんざ》(10)は三宅島で演じている。史実では喜三郎は八丈島に流され、そこから破獄するのである。むかし家《や》今松《いままつ》(11)は八丈島だ。

三宅島と八丈島はどこが違うのか。本土との距離が違う。三宅島は伊豆諸島になるが、八丈島は絶海の孤島、三宅島と八丈島の間には黒潮も流れている。波が荒いから舟を出して魚を獲ることも出来ず、南方の島だが果物がなっているわけでもなく、食える植物は明日葉(12)くらい。流罪でも八丈島のほうが、三宅島よりはるかに過酷なのである。

元禄（一六八八〜一七〇四）の頃、三宅島に流罪になった画家の英《はなぶさ》一蝶《いっちょう》(13)は鯵の干物の加工かなんかをやって生活していたらしい。八丈島には糧を得る仕事なんてないのだ。

だから、喜三郎は花島ら数人の仲間と八丈島を破獄した。黒潮を越えて、喜三郎らが逃げられたのは、喜三郎が佐原の出身で、少し前に伊豆諸島の測量をした伊能忠敬《いのうただたか》(14)とかかわりがあった可能性もある。また、その頃、やはり人を殺して八丈島に流されていた民俗学者の近藤富蔵《こんどうとみぞう》(15)とも関わりがあったのかもしれない。

伊能忠敬や近藤富蔵と喜三郎が接点があり、八丈島破獄になんらかの関わりがあった、その意味でも喜三郎の流刑地は八丈島でなければならない。

破獄した喜三郎は一度は捕縛されるが、何故か許されて、土浦の侠客の家で畳の上で死んだ。

(1) 伊豆七島…大島、利島、新島、神津島、三宅島、御蔵島、八丈島の七島。
(2) 宇喜多秀家…元亀三(一五七二)年～明暦元(一六五五)年。戦国時代の武将。豊臣家の五大老の一人。関が原の戦いで徳川に敗れ、八丈島に流罪となる。
(3) 佐原の喜三郎…文化三(一八〇六)年～弘化二(一八四五)年。江戸後期の侠客。八丈島に流罪になるも、破獄した。
(4) 勘当…親子の縁を切ること。
(5) 銚子五郎蔵…寛政七(一七九五)年～安政四(一八五八)年。江戸後期、下総銚子の網元。博徒ではないが、博徒の子分が多くいた。銚子の漁業や利根川の物資輸送を事業化し、多くの困窮した民を救った。
(6) 天保水滸伝…江戸後期の下総(千葉県北部)での博徒の抗争を描いた、講談、浪曲のネタ。浪曲で二代目玉川勝太郎が一世風靡、三代勝太郎、福太郎を経て、現代に受け継がれている。
(7) 辻斬り…武士などが往来で通行人を切り捨てること。刀の試し斬りや、強盗など目的はさまざま。

（8）十代目金原亭馬生…落語家。昭和三（一九二八）年～昭和五十七（一九八二）年。五代目古今亭志ん生の長男で、故古今亭志ん朝の兄、女優の池波志乃の父でもある。じっくり語る人情噺に味がある一方、寄席などで演じる軽いネタにもおかし味があり、江戸前の味わい深い高座を見せていた。

（9）談洲楼燕枝…天保八（一八三七）年～明治三十三（一九〇〇）年。幕末から明治に活躍した落語家。柳派の頭取となる。三遊派の頭取、三遊亭圓朝とはライバルであった。

（10）柳家三三…昭和四十九（一九七四）年～。落語家。柳家小三治門下の精鋭で、全国的に活躍。

（11）むかし家今松…昭和二十（一九四五）年～。十代目金原亭馬生門下で、その薫陶を受けた落語は魅力的。《江島屋騒動》《大坂屋花鳥》などの人情噺も手掛けている。

（12）明日葉…房総半島、伊豆半島、紀伊半島、伊豆諸島などに自生するセリ科の植物。

（13）英一蝶…承応元（一六五二）年～享保九（一七二四）年。江戸中期の絵師。狩野派を破門となり、市井の画家として活躍。生類憐れみの令に違反し、三宅島に流罪となる。赦免後、英一蝶を名乗り、多くの市井の風俗画を残した。

（14）伊能忠敬…延享二（一七四五）年～文化十五（一八一八）年。江戸後期の地理学者。五十歳で隠居したのち、西洋暦法を学ぶ。幕命を受け蝦夷地測量、ついで日本沿岸を測量し、日本初の測量による正確な地図を作った。

（15）近藤富蔵…文化二（一八〇五）年～明治二十（一八八七）年。江戸後期～明治の民俗学者。隣家とのトラブルで殺人を犯し、八丈島に流罪となる。八丈島で「八丈実記」を著し、赦免後も八丈島に戻り、生涯を島で暮らした。

《島衛沖津白浪》

明治時代の柳派の名人、談州楼燕枝が演じた人情噺。「天保水滸伝」の登場人物の一人、佐原の喜三郎が主人公。八丈島に遠島になる喜三郎は、島で運命の女、お虎と再会し、二人は仲間と黒潮を越えての島抜けを企てる。現在では、むかし家今松、柳家三三が演じている。

《大坂屋花鳥》

梅津長門という旗本が、吉原、大坂屋の花鳥という遊女に惚れ、辻斬りをし得た金で吉原へ。しかし、すぐに捕吏に囲まれる。花鳥は吉原に火を放ち、長門を逃がす。長編人情噺《島衛沖津白浪》の一場面を十代目金原亭馬生が演じた。

を

大山《お(を)おやま》詣り

《大山詣《おおやままい》り》《富士詣《ふじまい》り》

伊勢参りは滅多に行かれるものではないが、江戸っ子は案外、小旅行に出かけることはあった。毎年六月に大山に参詣した。

大山は神奈川県厚木にある山で、江戸時代は大山寺、不動明王[1]が祀ってあり、もともとは修験道の山だった。江戸から近いことから、江戸っ子に信仰され、六月二十七日～七月十七日が参詣の出来る日と決められていた。

今は山頂に阿夫利神社があり、大山寺は中腹にある。小田急線の伊勢原駅からバス、麓からはケーブルカーで行かれる日帰りのハイキングスポットだ。

江戸時代は、長屋の仲間や親しい連中で講[2]を作って、年に一回、大山参詣に出掛けた。陽気もいい頃で、親しい仲間の親睦も兼ねた小旅行になる。

一行は十人前後で、先達さんと呼ばれる、何度も大山に行っている年長の者が案内人兼リーダーとなる。

行きは大山街道を行く。現在の厚木街道(国道二四六号線)だ。江戸を出てしばらく行ったところに、茶店が三軒、信楽(石橋楼)、角屋、田中屋が並んでいた。これが現在の三軒茶屋だ。このうちの角屋は浪曲師の花渡家《かどや》ちとせの実家だったそうだ。まったくの余談。

こうして大山街道を一日歩き、大山の麓に一泊、翌日の午前中に山に登り、午後は藤沢へ。その晩は藤沢に泊まってドンチャン騒ぎをし、翌日東海道を帰って来る二泊三日の楽しい旅だ。

今は神社だが、江戸時代は寺だから、道中は念仏を唱える。念仏は陰気だなんていうが、大山詣りの念仏だけは陽気だった。故人を偲んでしみじみ唱えれば陰気になるが、楽しいことがいろいろ待っている道中で唱える念仏は声のトーンからして違う。ようはなんでも気の持ちようということだ。

落語《大山詣り》はそんな大山参詣を描く。講の連中が「今年の大山には熊五郎を連れて行かない」と言い出した。何故なら熊五郎は乱暴者だからだ。喧嘩も強いから暴れ出すと誰も止められない。トラブルの素だから、一緒には行きたくないと言うのだ。

こういう時の調整役も先達さんは引き受けなきゃならない。熊五郎を連れて行く条件に、旅の途中、腹を立てたら罰金、乱暴をしたら頭を坊主にする、という約束で行くこととなった。

参詣は無事済んだ。帰り道、案の定、熊五郎が暴れた。暴れて酔い潰れた熊五郎を、講中の者が坊主にして、先達さんには言わなかった。

酔って寝ているんなら寝かせておけと、先達さんは一行を引き連れて旅立つ。あとに残った坊主の熊五郎は目を覚まして驚いた。これから、熊五郎の壮絶な復讐がはじまる。

こうした親睦を兼ねたお参りは大山だけではない。大山以上に信仰を集めていたのが富士山だ。何せ日本一の山で、昔は江戸からよく見えた。あれだけの山が美しく見えるのだから、江戸っ子には守り神にも思えたし、江戸時代は何度か噴火もしているから、怒らせると怖い山でもあった。宝永の噴火（宝永四（一七〇七）年）には江戸の街でも火山灰が二センチ積もったという。だから、一生懸命信仰した。江戸のあちこちに浅間神社(3)の末社があり、今でも境内に富士塚(4)がある神社は残っている。なかなか富士山には行かれないので、富士塚に登ってお参りしたが、大山同様、富士講を作ってお参りに行く者も多くいた。

落語《富士詣り》は富士山に行ったら天候が悪くなったので、神の怒りを鎮めるために講中が懺悔をはじめるという話。

江戸っ子は神信心と称して、小旅行に行っては、飲んだり騒いだり、はめをはずしていたようだ。

（1）不動明王…主に修験道で信仰されている明王。
（2）講…信仰や趣味などのグループ。
（3）浅間神社…富士山を信仰する神社。
（4）富士塚…富士山信仰のため、浅間神社などの境内などに富士山を模して作られた人工の山。品川神社、江古田・浅間神社が有名。

《大山詣り》

江戸っ子は、大山などに参詣する小旅行は毎年行ったりしていた。大山に行く講中で、熊五郎が乱暴を働いた。怒った者たちが酔って寝ている熊五郎を坊主にしてしまった。熊五郎の復讐がはじまる。季節の大ネタで、初夏に聞かれる。

《富士詣り》

富士詣りの一行、突然、天気が崩れ、嵐になる。悪心のある者が一行にいるから天気が荒れると言われ、一行の者たちが懺悔話をはじめる。間男を懺悔する男がいる艶笑噺。

お江戸こぼればなし　弐

旅商人

《小間物屋政談》の小四郎は江戸の品物を上方に持って行って売り、上方の品物を仕入れて来ようと考えた。《猫の皿》の道具屋は、江戸近郊をまわり豪農の蔵に眠っている骨董を仕入れようと思った。金を儲けようと思えば、旅をすることも大事だ。

一方、物のないところへ物を運ぶ、そんな旅商人たちは、それこそ太古の昔からいたのだろう。

古くは放浪の民が村々にやって来て、山の茸や、薬草、毛皮などを売りに来た。銭のない時代は、それこそ米や麦と物々交換だ。

平安後期くらいからは、農村の人たちが農作物を町に売りに行き、市のような盛り場が出来て行く。鎌倉、室町時代には市はますます盛んになり、遠国から特産品を運んで売る専業の旅商人が出て来る。一般人の旅が出来なかった時代でも、生活必需品を運んでいたため、幕府や大名も旅商人の往来は許した。

江戸時代以降有名なのは、越中富山の薬売りだろう。薬の荷を背負い、全国を歩いた。

現代は、旬の野菜や果物、魚介などをトラックに積み、都会で売り歩く人もいる。ネットで世界の品物が家に届けられる時代でも、現物を見せて売る強みはまだまだあるのだ。

わ

渡し舟

《船徳《ふなとく》》《巌流島《がんりゅうじま》》《六郷《ろくごう》の煙草《たばこ》》

「さぁことだ、馬の小便、渡し舟」

落語のマクラで登場する川柳。

江戸の入口には軍事上の問題から橋があまり架けられてはいなかった。大きな川は、渡し舟を用いた。旅人だけでなく、川向こうに住んでいる武士や、近隣に荷を運ぶ商人は馬も渡し舟に乗せた。その馬が舟の中で小便をしたら。「さぁことだ」以外の言葉は出ない。

奥州街道の入り口には千住大橋があった。文禄三（一五九五）年というから、江戸が出来てすぐの頃に橋が架けられた。隅田川は当初、千住大橋以外の橋の建設を禁じたが、江戸の街が広がっていったこともあり、両国橋（寛文元（一六六一）年）が架けられ、さらには新大橋(元禄六(一六九三)年)永代橋(元禄九(一六九六)年)大川橋(現・吾妻橋、安永三(一七七四)年)が架けられた。他は渡し舟で、千住大橋より下流でも、安宅、富士見、御厩河岸、竹屋、山の宿、竹屋、白髭、橋場の渡し場があった。落語《船徳》で新米船頭の徳三郎に、「徳さん一人か、大丈夫か」と声を掛ける竹屋のおじさんは、吾妻橋のちょっと下流、竹屋の渡しの船頭だ。

渡し舟の出て来る落語でおなじみなものに《巌流島》がある。御厩河岸の渡し船(演者により場所は異なる)に乗り込んできた乱暴な若い武士。

「町人、もっとむこうへ行け。邪魔だ。なんだ貴様、人間の形をしおって無礼な奴だ」

威張って、武士であるからと、町人の乗客を端に追いやり、狭い舟の真ん中にどかりと座す。馬の小便よりある意味迷惑。

この若い武士になまじ口を利いた屑屋、怒った武士は、屑屋を無礼打ちにするという。旗本風の老武士が間に入る。

「屑屋に代わって拙者もお詫び申す。ご勘弁のほど願いたい」

「面白い。貴公が屑屋に代わって相手をするというのか。貴公が申されたのだ。果し合いをいたそう」

「これは迷惑な話」

「いずれのご家中かは存ぜぬが、貴公も武士であろう。老人といえど武士なれば、是非お相手願いたい」

「好むところではないが、よんどころなきこと。仕方ない。お相手いたそう。いや、待たれい。舟の中では乗り合いの者が迷惑いたす。岸に戻って、陸の上でお相手いたそう」

「なるほど。承知いたした。船頭、舟を岸へ戻せ」


船中で襷をかけて果し合いの用意をする二人、舟が岸に着く直前、「ご老人、続かれよ」と岸に飛ぶ若い武士。すると老武士は「おう」と答えると、槍の柄で石垣を突く。舟が川中にスーッと戻った。

「船頭、あのような愚か者は構わず、舟を出せ」

血気にはやった若侍を残して、舟は川の中へ。これは、塚原卜伝《つかはらぼくでん》(1)や佐々木巌流《ささきがんりゅう》(2)のエピソードに残っている。戦わずに勝つ「無手勝流」という兵法だ。渡舟にもいろんな物語がある。

東海道は川崎の手前に六郷の渡しがあった。今の多摩川の河口近く。《六郷の煙草》は煙草好きで銘柄を当たるのが得意な男に、煙草屋が次々に試飲をすすめる。煙草の言い立てが面白い一席だが、流石にもう勘弁と煙草好きの男は逃げ出す。逃げて逃げて、六郷の渡しを渡って、ここまで来れば大丈夫。安心したんで、ちょっと一服。

(1) 塚原卜伝…延徳元(一四八九)年~元亀二(一五七一)年。戦国時代の剣客。鹿島新当流の開祖。足利義輝、北畠具教らにも剣を教えた。
(2) 佐々木巌流…?~慶長十七(一六一二)年。安土桃山時代の剣客。宮本武蔵と舟島で戦い敗れた。敗れた巌流の名をとり、舟島が巌流島となった。吉川英治の「宮本武蔵」では美剣士として描かれた。

《船徳》

勘当になった若旦那の徳さんが船宿に居候していたが、ある日、船頭になりたいと言い出す。四万六千日様お暑い盛り、観音参詣のお客二人を乗せて、徳さんは大川へ漕ぎ出す。

《巌流島》

厩の渡し舟の中で、侍が煙管の雁首を水中に落とした。屑屋が吸い口だけの煙管を買いましょうと言ったことに怒る侍、仲裁に入った老武士にも怒りをぶちまけ、真剣勝負をしようと言う。老武士は舟を戻して陸で勝負をしようと言うが、そこには思わぬ秘策があった。傲慢な侍を知略で欺く一席。五代目古今亭志ん生が得意にしていた。

《六郷の煙草》

煙草好きの男が一服していると、煙草をたくさん背負った男が通り掛かり、全国の煙草をすすめる。煙草の多さに、男はとうとう逃げ出し、六郷の渡しを渡って川崎まで逃げる。七代目橘家圓蔵が演じていた。

か

駕籠

《くも駕籠《かご》》

江戸時代の旅人はたいてい歩いて旅をしたが、草臥れれば駕籠や馬に乗った。懐に金がある暢気な遊山旅なら、ちょくちょく利用もしたであろう。

江戸の街中では駕籠屋は、宿駕籠と辻駕籠の二種類のシステムがあった。宿駕籠は店舗営業で、商家や医者などと契約し駕籠を派遣したり、特別な外出の時にチャーターされたりした。辻駕籠は、街々に立って、急ぎの客などを乗せた。宿駕籠がハイヤー、辻駕籠がタクシーという感じだろう。

街道で旅人を乗せるのは辻駕籠だ。宿場や、茶店など、街道で人の集まる場所で客を呼ぶ。

落語《くも駕籠》は街道筋の茶店で客引きをする駕籠屋の話。ただ待っていても、客はなかなか乗ってくれないので、旅人に「へい、駕籠」と声を掛けるのであるが、うまくはゆかない。


「へい、駕籠、旦那、へい、駕籠」

「なんだお前は？」

「へい、駕籠」

「なら後へまわれ。臭いの嗅がしてやる」

「なんです？」

「お前いま、屁嗅ごうって言ったろう」

「そうじゃないですよ。駕籠はいかがですかって言ってるんです」

「お前、誰に言ってるんだ。私はそこの茶店の親父だ」

「えっ？」

「前掛けして、ちりとり持っている、こんな旅人がどこにいる！」

間抜けな駕籠屋は茶店の主人に声を掛けて怒られる。

他にも来るのは、酔っ払いの客や、道を訪ねるだけの人やら、そんなのばかり。駕籠屋と旅人のおもしろおかしいやりとりを描く一席だ。

駕籠の料金はとくに決まってはいない。駕籠屋はかなりの重労働で、二人で担ぐのだから、二人分の生活が掛かっている。駕籠も親方から借りているから損料も払わなければならないのだ。だが、旅人も、歩けば済むところを駕籠に乗るのであるから、あまり高額の金は出したくない。お互いに料金の駆け引きをする。駕籠屋が提案するのは、目的地まで早く着いた時に賞金をもらおうという交渉だ。これを酒手という。酒一合分くらいの料金を上乗せするのが常識になっている。

中にはたちの悪い駕籠屋もいる。老人や女性の客を乗せ、人の少ない場所で駕籠を止め、約束をしていない酒手を要求する。こうした悪い駕籠屋を「雲助」などと呼んで旅人は嫌った。雲助の語源は、方々に網を張って客を捕まえる蜘蛛のようだからそう呼ばれた。

箱根山の街道を行き来していたのが山駕籠だ。屋根も垂れもない軽量な駕籠だ。街中や普通の街道を走る四つ手駕籠よりも簡素な作りになっている。過酷な山登りの道は簡素な駕籠でなければ駕籠屋もくたばってしまう。

「箱根八里はよー、馬でも越すがよ」

「駕籠かき唄」の歌詞は箱根馬子唄と同じであるが、「へっちょい、へっちょい」と合いの手が入る。箱根の駕籠かきは「えいほ、えいほ」ではなく、「へっちょい、へっちょい」の掛け声で山を登るのだそうだ。そのリズムでかなり早いスピードが出て一気に箱根の山道を駆け上がる。箱根駅伝よりも早かった、そんなことはあるまい。

《くも駕籠》

品川宿のはずれ、鈴が森近くの茶店にいる駕籠屋のあれこれを描く。おなじみの一席。

よ

淀川の三十石船

《三十石《さんじっこく》》《［浪曲］清水次郎長伝《しみずのじろちょうでん》「三十石《さんじっこく》」》

淀川(1)を登り下りする、大坂と京を往復するのが淀川の三十石船だ。京の伏見(2)から、大坂八軒屋(3)まで、夜発って朝着く。船で寝ているうちに行かれるわけだ。

京から大坂は淀川を下る。大坂から京は、人足が縄で船を引いて行く。

どっちにしろ、客は歩かずに移動できる。楽だし、夜旅だから時間の節約にもなるから、大勢の人が利用した。

上方落語《三十石》は《東《ひがし》の旅《たび》》の最後の一席。伊勢参りから、琵琶湖のあたりの景勝地をまわった旅人が、京見物をし、いよいよ船で大坂に帰る最後の夜の風景を描く。

上方落語の大看板が演じるトリネタだという。

幕末の名人、初代桂文枝《かつらぶんし》(4)は得意ネタだった《三十石》を百両で質入したというエピソードもある。どうしても文枝の《三十石》を聞きたい客が百両出して受け出してくれたというから凄い話だ。

夕刻、伏見の船着場に大勢の旅人が集まって来る。大坂まで三十石船で暢気に寝て行こうという連中だ。


「あんさん方、お下りですか。三十石なら、うちとこの船が一番早う大坂に着きます」


船宿の客引きも出て来る。

船宿に上がり、炊き立ての飯と熱々の汁が出て来るが、箸を持つと河岸のほうから、「船が出るぞーっ」と船頭の声。

こら大変だと、ろくに飯に箸をつけずに河岸に行くと、待てど暮らせど船は出ない。これは船宿の計略で、客になるべく飯を食われないようにという。旅慣れた人は、ゆっくり飯を食べてから河岸に来る。

やがて船が出る。途中、橋の上から土産を売りに来る者たちがいたり、独特の船の旅が綴られる。

淀川の三十石船が舞台の有名な話がもうひとつある。浪曲《清水次郎長伝》だ。清水次郎長《しみずのじろちょう》(5)の子分、森《もり》の石松《いしまつ》(6)が金比羅参りの帰り道、大坂八軒屋から三十石船に乗り込む。

「大坂八軒屋から伏見に上る船は三十石と言いますから、かなり大きな船でしょう」

二代目広沢虎造《ひろさわとらぞう》(7)の名調子で綴られる、おなじみのお話。かなり大きな船なんだね。三十石船。お米が三十石積める。全長五十六尺(約十七メートル)は大きな船だ。

「この船に石松さんが乗り込んで、余計なお宝払って胴の間に座って」

追加料金を払うと、広いいい場所が確保出来る。落語《三十石》は客が詰め合って乗っているが、金さえ払えば、よりゆったりと旅が出来るのだ。石松は酒と押し寿司も調達している。

ここで石松は江戸っ子と話をする。こいつがやたら、やくざ者に詳しく「海道一の親分は清水次郎長」と言ったもんだから、「飲みねえ、飲みねえ、酒を飲みねえ。寿司を食いねえ」

石松に聞かれるまま、「一番強いのは、尾張国槍組お先手の小頭、槍をとっては山本流の使い手、武家を嫌ってやくざになった。体が大きいから大政《おおまさ》」と江戸っ子は次郎長一家のプロフィールまで語り出す。「二番は」と聞けば、以下、小政《こまさ》、大瀬半五郎《おおせのはんごろう》、増《ます》川仙右衛門《かわのせんえもん》、法印大五郎《ほういんのだいごろう》、追分三五郎《おいわけのさんごろう》、大野鶴吉《おおののつるきち》、桶屋《おけや》の鬼吉《おにきち》、三保《みほ》の松五郎《まつごろう》、問屋《といや》場《ば》の大熊《おおくま》、鳥羽熊《とばくま》、豚松《ぶたまつ》、伊達《だて》の五郎《ごろう》、石屋《いしや》の重吉《じゅうきち》、相撲常《すもうのつね》、滑栗初五郎《なめぐりはつごろう》……。なかなか石松が出て来ないのが面白味。無駄話をしているうちに船は伏見に着くという、石松と江戸っ子の一期一会のお話である。

（1）淀川…琵琶湖から大阪湾に流れる河川。

（2）伏見…京都の南の町名。平安末期から栄え、豊臣秀吉が伏見城を築き、政治の中心となった。江戸時代は淀川の船着場の宿場町として栄えた。現在も伏見稲荷などの観光地で賑わう。

（3）八軒屋…大阪旧淀川にある船着場。平安時代から水上交通の要所であった。平成二十（二〇〇八）年に船着場が整備され、大阪水上バスや屋形船が発着する。

（4）初代桂文枝…文政二（一八一九）年〜明治七（一八七四）年。幕末〜明治の落語家。上方落語中興の祖と呼ばれる。

（5）清水次郎長…文政三（一八二〇）年〜明治二十六（一八九三）年。幕末の博徒。駿河の清水を中心に、抗争を繰り広げる。晩年は富士山裾野の開発などの事業を行った。三代目神田伯山の講談、二代目広沢虎造の浪曲で、弱きを助け強きをくじく侠客として知られる。

（6）森の石松…？〜万延元（一八六〇）年。幕末の博徒。清水次郎長の子分。二代目広沢虎造の浪曲の主人公として有名。

（7）二代目広沢虎造…明治三十二（一八九九）年〜昭和三十九（一九六四）年。浪曲師。独特の虎造節を創造し、戦前戦後のラジオで人気を博した。とくに「清水次郎長伝」はおおいに受け、「江戸っ子だってねえ」「馬鹿は死ななきゃなおらない」などの名科白は国民的な流行語となり、今日までも伝わっている。

《三十石》

「に」参照

《［浪曲］清水次郎長伝「三十石」》

浪曲のネタ。金比羅宮参詣の帰り、森の石松は大坂・八軒屋から三十石船で伏見へ向かう。船中での旅の江戸っ子との不思議なやりとり。二代目広沢虎造の粋でユニークな啖呵が冴える。

た

旅の噺

旅《たび》の噺《はなし》いろいろ

人は何故旅に出るのか。

仕事か、遊山か、無目的に旅に出るなんていうのもあるし、何か失敗をやらかして、その土地にいられなくなって逃げ出して旅の空、なんていうのもある。冒険の旅に出る、なんていうのもあるだろう。

今ならいろんな目的で旅に出るが、江戸の昔もそんなには変わりはしなかった。

大名なら参勤交代、武家なら御用旅なんかもある。江戸と領国を行き来したり、他藩に使者に行ったりもした。商人なら、行商もあるし、別の土地から何か商品を仕入れる旅もある。職人はあちこち旅をして、腕を磨いた。

遊山旅、これが一番いいね。江戸も後期になると、裕福な人が増える。金があれば、芝居を見たり、音曲を習ったり、文化的な生活をするようになる。そして、遊山旅に出る。《三人旅《さんにんたび》》は一人が取り抜け無尽に当たり大金が入ったから、二人を誘って伊勢参り。江戸っ子は「一生に一度は伊勢参り」なんて言われたが、いくら世の中が豊かになったからって、早々に行かれるものではない。やはり余程の臨時収入がないと難しい。あとは、それこそ、一大決心で、家財を売り払って旅に出るというのもあった。帰って来てまた働けばすぐに稼げるから、なにかのきっかけさえあれば、一大決心で旅に出る人もいた。

上方では「伊勢に七度、熊野へ三度」などと言われた。これはそのくらい信仰心を持て、という意味かもしれないが、江戸っ子よりも頻繁に伊勢参り、熊野参りに行く人は多かったのだろう。伊勢は東海道を行けばすぐだが、熊野は修験道⑴だ。大坂を出て、住吉神社⑵（大阪市住吉区）を出発して、紀州路を行き、御坊⑶（和歌山県御坊市）から熊野路、山道へ入る。世界遺産になっている熊野古道を経て、熊野本宮、熊野那智大社、熊野速玉大社の熊野三山に参詣する。途中、小栗判官⑷も立ち寄った湯の峰温泉⑸に寄ったりもするが、決して安楽な旅ではなかった。

伊勢参りは落語では《東《ひがし》の旅《たび》》、「発端《ほったん》」から「煮売屋《にうりや》」「軽業見物《かるわざけんぶつ》」「七度狐《しちどぎつね》」、伊勢に参ってからは琵琶湖をまわって京見物して、伏見から最後は「三十石《さんじっこく》」、三十石船で帰って来る。噺もいろいろあるが、熊野の噺はあまりない。住吉大社で旅人を乗せる駕籠屋の噺《住吉駕籠《すみよしかご》》があるくらいだ。五代目桂文枝《かつらぶんし》(6)が演じた《熊野詣《くまのもうで》》という新作があるくらいである。

伊勢や熊野でなくても、江戸なら《大山詣り《おおやままいり》》《富士詣り《ふじまいり》》といった信仰と親睦を兼ねた小旅行は、金を積み立てて毎年のように出掛けた。また、日蓮宗なら身延や清澄(千葉県)、真言宗なら高尾山や秩父といった聖地巡礼をすることもよくあった。落語では身延に行く《鰍沢《かじかざわ》》《甲府ィ《こうふ》》などのネタもある。

湯治も流行った。本格的な温泉なら、箱根(7)だろう。《小間物屋政談《こまものやせいだん》》の甚兵衛は箱根に湯治に行き難に遭う。近場でも大森あたりに湯治に行くことはあった。足を伸ばして川崎大師に参詣して、大森で温泉につかって帰る、なんていうのもあった。

国を売る、逃亡の落語も多い。《双蝶々雪の子別れ《ふたつちょうちょうゆきのこわかれ》》《安中草三《あんなかそうざ》》なんかは悪党たちの逃亡は、捕吏との死闘も描かれる。《こんにゃく問答《もんどう》》の八五郎のように、なんとなく江戸に居辛くなって安中に逃げている者もいれば、《牡丹灯籠《ぼたんどうろう》》の伴蔵、おみねの夫婦も、萩原新三郎を殺して金を奪って栗橋に逃げて来ている。《紙入れ《かみい》》の新吉はもしも間男(8)がバレたら逃げて旅に出る気でいる。

人はいろんな理由で旅に出て、旅に出たらいろいろ面白いことがある。旅は落語のネタの宝庫でもあるようだ。

（1）修験道…日本古来の山岳信仰。山伏となって、野山を歩き、厳しい修行を行う。
（2）住吉大社…大阪市住吉区にある神社。
（3）御坊…和歌山県の市。熊野古道の基点。
（4）小栗判官…日本古来の物語の登場人物。説経節などで伝承され、市川猿之助のスーパー歌舞伎でもおなじみとなった。
（5）湯の峰温泉…和歌山県田辺市にある温泉町。日本最古の温泉と言われている。小栗判官・照手姫の伝説で知られる。
（6）五代目桂文枝…昭和五（一九三〇）年〜平成十七（二〇〇五）年。上方の落語家。戦後上方落語の四天王の一人。女性の表現や、音曲、舞踊などが入る落語が魅力的だった。《たちきれ線香》《船弁慶》《浮かれの屑より》などを得意とした。
（7）箱根…神奈川県南西部の地名。「天下の剣」と呼ばれた東海道の難所。江戸時代は関所があった。現在は温泉や芦ノ湖などの観光や、正月の箱根駅伝などで有名。
（8）間男…夫のある女性が、夫以外の男性と関係を結ぶこと。あるいは、その相手の男性。密夫。

《発端》

上方落語。《東の旅》の一部。喜六・清八の旅立ちの様子を言い立てで語る。

《住吉駕籠》

上方落語。《くも駕籠》と同様の内容。場所が住吉大社の前になる。

《熊野詣》

熊野古道の世界遺産登録を記念して、五代目桂文枝が演じた新作落語。

《鰍沢》

「ゆ」参照。

《甲府ィ》

「れ」参照。

《小間物屋政談》

「の」参照。

《双蝶々雪の子別れ》

「と」参照。

《安中草三》

安中草三、またの名を榛名の梅若という盗賊を描いた長編人情噺。三遊亭圓朝・作。

《**こんにゃく問答**》

江戸から上州安中に逃げて来た八五郎は、こんにゃく屋の親方の世話で、無住の寺の住職となる。経も碌に読めない八五郎和尚の寺に、永平寺の修行僧が問答を挑みに来る。こんにゃく屋の主人が大和尚のふりをして、修行僧と問答をすることに。無言の行で、パントマイムでやった問答の、それぞれの珍解釈が爆笑。

《**牡丹灯籠**》

根津清水谷に住む浪人、萩原新三郎のもとへ夜毎通い来る女は、新三郎に恋焦がれて死んだ旗本の娘、お露の幽霊だった。さまざまな因縁が錯綜する、三遊亭圓朝・作、怪談・長編人情噺。

《**紙入れ**》

内儀から手紙をもらった新吉は旦那の留守に家を訪ねる。布団に入る直前、旦那が帰宅。裏から逃げる新吉だが、内儀からもらった手紙の入った紙入れを忘れて来た。間男噺の傑作。

れ

礼参り
《甲府《こうふ》ィ》

困った時の神頼み。病気とか、何か願い事がある時、人は神に祈る。病気なんか、医学がほとんどなかったような時代は神に祈るしかなかった。で、たぶん、症状は重かったけれど実はたいした病気じゃなかったってだけのことなんだろうけれど、神に祈って治ったなんていう人がいるから、もうこれは祈るしかなかったのである。立身出世、家内安全、安産、いろんなことを祈った。で、祈りっぱなしじゃいけないんだ。願いが叶ったら、礼参り、願解きに行かなきゃいけない。

落語《甲府ィ》。甲府から江戸に出て来た若者、善吉は、日蓮宗の信者で江戸での成功を身延に願をかけた。しかし、江戸に来るとすぐ、もって来た金をスリにすられてしまう。飲まず食わずで腹が減ってたまらない善吉は悪いことと知りながら、豆腐屋の卯の花を盗んで食べる。しかし、これが縁であった。親切な豆腐屋の主人は善吉の事情を聞く。そして善吉が日蓮宗の信者であることがわかる。

「なるほど、甲州の人だから、お祖師様に縁があるのか。実は私の家も法華だよ。法華も法華、法華のかたまり、町内で法華豆腐と呼ばれている。そこへお前さんが飛び込んできたのも、お祖師様のお引き合わせだよ。ちょうどうちも若い衆を一人欲しいと思っていたんだ。どうだい、うちに奉公しないか」

お祖師様とは、日蓮宗の祖師、つまり日蓮《にちれん》(1)のことをいう。日蓮が偉大なため、他の宗旨の祖師は「お祖師様」とは呼ばれず、「お祖師様」というと日蓮を言う。日蓮宗は「南無妙法蓮華経」、法華経のお題目を唱えるから「法華」とも呼ばれている。

善吉は豆腐屋に奉公すると、これがたいへんな利口者で、働き者だった。売り子になると、近所の者に受けもいい。

当時の豆腐屋は店でも販売したが、天秤を担いで、前の盥《たらい》に豆腐、後の盥にがんもどきや納豆を入れて町へ売り歩いた。豆腐屋の売り声は「とーふー」と伸ばす。さらにこの店は「胡麻入りがんもどき」と続く。毎日のおかずになる豆腐だから、そうやって売り歩いたのだ。

筆者が子供のころでも自転車で町をまわり、ラッパを吹いて売り歩く豆腐屋がいた。ラッパの音が「とーふー」に聞こえた。

三年が経った。縁はつづく。豆腐屋の娘のお夏が十九歳。豆腐屋の主人は善吉とお夏を夫婦にして店を任そうと考える。

さらに三年が過ぎた。豆腐屋主人は店を善吉とお夏夫婦に譲り隠居した。店は善吉が主人になりますます繁盛していた。一文なしから、豆腐屋の主人になることが出来た。

「お父つぁん、今日はお願いがあって参りました。二十日ほどお暇をいただきたく思いまして」

「そうかい。私たちも隠居して楽させてもらっているが、まだ老い朽ちたわけではない。店のほうはなんとかしよう。で、どこに行きなさる？」

「お夏を連れて甲府の伯父に挨拶に参りたいと思います。それから」

「それから」

「故郷を発つ時、お祖師様に願をかけました。ですから身延に礼参りに行きたいと存じます」

豆腐屋に奉公したのも、娘と夫婦になったのも、すべては日蓮宗であったからだ。成功を治めたのもすべて身延に願をかけたから。そこで「お礼参り」に夫婦で行きたいと言うのだ。

こうして夫婦揃って旅仕度。旅の前、夫婦は朝早く隠居所を訪ねると、祝いの膳が並んでいた。礼参りに送り出す者たちも気遣いがある。旅とはそれだけ大イベントなのだ。

「縁起物だから一口お神酒もやっておくれ。お夏、お前ははじめての旅だ。気をつけていきなさい。身延にお参りして、七面山は女は入れない。鰍沢(2)は急流だから船には乗らないように」

主人は身延に行ったことがあるのだろう。

礼参りなのであるが、夫婦水入らずの旅でもある。善吉とお夏の人生の節目の旅でもあるのだ。

（1）日蓮…承久四（一二二二）年～弘安五（一二八二）年。鎌倉時代の僧侶。日蓮宗の開祖。「立正安国論」を著し、鎌倉幕府から迫害を受けた。

（2）鰍沢…山梨県の地名。富士川の舟運の拠点として、江戸時代は栄えた。

《甲府ィ》

甲州から出て来た善吉という若者、スリに会い無一文になり、やむなく豆腐屋の店先で卯の花を盗んで食べる。しかし、これが縁で善吉は豆腐屋で働くこととなり、やがては豆腐屋の娘婿となる。ほのぼの系のいい人情噺だが、サゲの馬鹿馬鹿しさで思わず笑いがこぼれる、優れた落語でもある。

そ 蕎麦と旅

《そば清《せい》》

「早い安いうまい」で江戸っ子に愛された蕎麦。

今日、我々が食している細い麺状の蕎麦として登場するのは江戸時代になってから。江戸時代も初期のころは、蕎麦がきや蕎麦餅として食べられていたものが、うどんを模して細い蕎麦に作られた。蕎麦粉はうどん粉と違って麺状にはならないため、つなぎに工夫がなされた。そうして一般庶民に細長い蕎麦が食べられるようになったのは、明暦（一六五五～五八）の頃といわれている。

蕎麦はもともと代用食で、米の代わりに、稗、粟、麦なんかと同じに食されていたものが、街道の茶店で、蕎麦がき、蕎麦餅が売られるようになり、味がよく、旅人の手で江戸に伝わった。

蕎麦ははじめは荷売りで売られた。振り分けの荷物に、蕎麦、出汁、丼や薬味を入れて、担いで売り歩いた。火除け地や濠端に荷をおろして売ったので、夜移動をする江戸っ子が小腹がすいた時に立ち寄って一杯食べるのにちょうどよかった。

ゆがいて出汁を掛けて薬味を添えるだけだから、すぐに出来る。作るのも早ければ、ツルツルっと食べるのも早い。もともと蕎麦の値段が安いから、売価も安い。二×八、十六文だから「二八蕎麦」などと呼ばれたが、落語が演じられはじめた文化、文政の頃(1)で四百円くらいじゃないかと思われる。蕎麦一杯四百円が高いか安いかは個人の感覚で違うかもしれないが、今の立ち食い蕎麦もだいたいそんな値段ではなかろうか。

店舗の蕎麦屋が登場するのは幕末で、天ぷらや卵とじも品書きに加わった。この頃から、夏場はさらりとしたもりそば、冬場は鴨南ばんやあんかけなども、おおいに好まれた。現在にないメニューでは、貝柱を乗せた「あられ蕎麦」などというのもあったそうだ。

蕎麦が出て来る落語には《時《とき》そば》《疝気《せんき》の虫《むし》》《そばの殿様《とのさま》》などいろいろあるが、蕎麦と旅が出て来る落語というと《そば清》がある。

町内の連中がわいわい集まっている、若い者の社交場みたいな蕎麦屋に、「どうも」

とやって来る一人の男。清兵衛は蕎麦の大食いで家を三軒建てたという強者。蕎麦限定の大食いチャンピオン。知らない蕎麦屋で、蕎麦を十枚くらいたいらげて帰るのを繰り返していると、町内の若い連中が賭けをもちかけて来る。

「二十枚食えたら一両出そうじゃないか。食えなければ一両置いていく、どうだい」
「二十枚なんて、とても食べられませんが、お近づきのご挨拶ということで」

清兵衛は二十枚の蕎麦をぺろりと食べて一両もらって帰る。翌日も「どうも」と蕎麦屋に現われて三十枚、次の日は四十枚とたいらげて相応の金を勝ち取る。清兵衛は三、四十枚の蕎麦は平気で食べられるのだ。だが、流石に五十枚は食べる自信がない。五十枚の賭けをもちかけられた清兵衛は逃げ出す。

しばらくして清兵衛は旅に出ている。蕎麦の賭けから逃げているわけではない。もともと何か旅をするのが仕事だったのだろう。旅に出た清兵衛は、山中で、大蛇が狩人を飲み込む現場に遭遇する。

街道を歩いていればともかく、一歩はずれれば自然の中。大蛇だって熊だって猪だっている。危険はいっぱいで、さらには、人の知らない不思議なことがいくらもあるのが旅なのである。

流石に人間一人飲み込んだので、大蛇は腹がふくれて動けなくなる。この大蛇がある草を食べると、腹の中が溶けてしまう。清兵衛はその草が強力な消化剤だと思った。

「この草を持って帰れば、五十枚の賭けに勝てる」

「どうも」。ふたたび蕎麦屋に現われる清兵衛、四十八枚までべろりと食べたが、あと少しが食べられない。風に当たりたいと表に出た清兵衛は例の草を食べる。

十代目金原亭馬生が、こずるく憎ったらしい清兵衛を、ニコッと笑って「どうも」という一言で見事に演じていた。なんともいけしゃあしゃあとした風情で描いた清兵衛さんに翻弄される江戸っ子連中にSFチックな落ちまで楽しい一席だ。

（1）文化・文政の頃…江戸後期の一八〇四～三〇年、主に江戸の町人たちによる文化が発展した時代。

文学では十辺舎一九、式亭三馬、山東京伝、曲亭馬琴、大田南畝ら、俳句では小林一茶、与謝蕪村ら、絵画では、鈴木春信、葛飾北斎、歌川広重、東洲斎写楽、喜多川歌麿、円山応挙ら、歌舞伎は四世鶴屋南北らが活躍した。

《時そば》

ある男がそばを食べた後、勘定の途中で時刻を聞いて、一文かすめた。これを見ていた男が俺も真似してみようと、翌日、小銭を用意して出掛けるが……。江戸の時刻がキーになる他、江戸っ子にどんなそばが好まれたのかがよくわかる。そばの食べ方など聞かせどころの多い。寄席などでよく演じられている。

《疝気の虫》

男の病気で「疝気」というのがある。疝気の研究をしていた医者が、疝気の虫を見付ける。疝気の虫はそばが大好きで、病人がそばを食べると腹の中で大暴れをするのだ。疝気の虫という表現がなんとも愉快な一席。腹の中で大暴れする仕草などが見せ場。五代目古今亭志ん生が得意にしていた。

《そばの殿様》

殿様がそば打ちの真似をして、家臣たちにそばをふるまうが、そばと言えない大変なものを食べさせられる。世間知らずの殿様が主人公の落語のひとつ。あまり演じられてはいない。

《そば清》

そばの賭けで家まで建てたという清兵衛という男、町内の連中はそうとは知らずそばの賭けをやり散々とられる。頭に来た連中は、五十枚でそばの賭けを持ちかけるが、清兵衛は逃げてしまう。旅に出た清兵衛は、ウワバミが猟師を呑むのを目撃。ウワバミがある草を舐めると腹の中のものが溶けてしまう。これは特殊な消化剤に違いないと思った清兵衛は草を摘んで江戸へ戻り、そばの賭けに挑む。ＳＦチックなサゲがユニーク。十代目金原亭馬生が得意にしていた。現在も寄席などでたまに演じられている。

お江戸こぼればなし　参

船頭

　本文でも主に物資の輸送に海運が用いられている話は書いた。松尾芭蕉が「奥の細道」で「船の上に生涯を浮かべ」と書いているように、船頭という稼業は、とくに海運は、日本中をまわり、住まいはあって家族もいるんだろうがほぼ定住はしていない、しかも、板子一枚下は地獄だ。堅気であって堅気でないような仕事だ。

　関東平野は川や運河で結ばれ、百万都市江戸の人々の生活を支える物資は、川を行き来する舟で運ばれて来た。落語だと、吉原通いの猪牙舟や、旦那衆が芸妓たちと乗る屋根舟などが多く登場するが、物資を運ぶ船が出て来るネタもいくつかはある。《汲み立て》には江戸の排泄物を近郊の農地に運ぶ肥舟も登場し、笑いをふりまく。

　江戸には橋が少ないから、渡し舟も多くあった。東海道を京へ上る六郷の渡し、東には歌謡曲で有名になった江戸川の「矢切の渡し」、これは現在でもある。佃島に行くのも昔は渡し舟、明治以降は蒸気船になり、今は橋や地下鉄で行かれる。

　多くの人たちの旅立ちを見守る渡し舟の船頭も、旅とは関わりが深い。

つ 月の旅

《月宮殿《げっきゅうでん》》

見えてるんだよ。ちょっと、なんかのついでに行かれそうだけれど、行かれない。月とはそういう場所。月に限らず、宇宙は行けそうで行かれない異世界だ。もちろん、現代では凄い大金を積めば行かれないこともないのだろうが、だいたいどんなところだか、わかってしまうとたいして行きたくもない。

昔は何もわからないから、いろんなことを想像した。それを語って、嘘話でもおもしろければ、あはは、と笑ったのだ。

上方落語で旅の噺はおなじみ。《東の旅《ひがしのたび》》は伊勢参り、《西の旅《にしのたび》》は金比羅宮、《南の旅《みなみのたび》》は紀州、《北の旅《きたのたび》》だけ案外近場で池田。阪急の終点の、今は住宅地だけれど、昔は山の中。足ごしらえをして旅支度でないと行かれなかった。

さらには、水中の旅、天空の旅、果ては地獄にまで旅する。天空の旅を描いたのが《月宮殿》。徳さんいう男が鰻を料理しようとしていた。この鰻、実は年古く生きている鰻で。

「海に千年、川に千年、池に千年、三千年の劫を経た鰻で。もうすぐ龍になって昇天しようという」

スゴイ鰻がいたもんだね。

急に雨が降り出して、竜巻が起こると、鰻がそれに乗って天へ昇る。鰻をつかもうとする徳さんの手をすりぬけようとするから、徳さんも鰻を必死で離さんとする。鰻はどんどん天に昇り、やがて龍となって飛んで行く。徳さんもそのまま天空へ。たどり着いた雲の上で、旧知の雷様の五郎蔵と会う。

「徳さん、ええとこに来た。今は月宮殿、星の都のお祭りやさかい、一緒に見物に行こうやないか」

月宮殿の祭りの賑やかなこと、で上方落語は鳴物が入る。暢気な話。


「あそこで、なんぞ燃やしている人がいますな」

「あれは火星や」

「水汲んでる人がいますな」

「あれは水星や」

「薪運んでる人が、あー、木星で。土運んでる人が土星。ずいぶん赤い顔した人が来ましたが」

「あれは宵の明星や」


太陽系ぐるりまわって月宮殿へ着く。

月宮殿っていうのは、月の宮殿。それにまつわる伝説は世界中にある。月は世界中どこからでも見えるわけで、月世界には宇宙を治める王やら神やらの宮殿がある。月は星よりもはるかに大きい。月のほうが距離が近いだけなんだが、星よりも大きいから、月が王様で星どもは家来かなんかに思えたのだろう。

仏教では、月宮殿と日宮殿（太陽の宮殿）が対になっている。道教(1)では、嫦娥《じょうが》(2)という女神がいて、これがたいそうな美女で、「西遊記」(3)では天蓬元帥《てんぽうげんすい》(4)だった頃の猪八戒(5)に口説かれている。日本の物語では「竹取物語」(6)のかぐや姫が帰って行くのが月宮殿だ。


「えらい立派な宮殿でんな。しめ飾りが張ってあって」


落語だから。月宮殿も日本的になっている。

落語のほうは、嫦娥が出て来て何か色っぽいことが起こるわけでもなく、五郎蔵とのやりとりが続き、徳さんが月宮殿にあった臍《へそ》が入った葛籠を盗んで下界に戻るという展開になる。

月に行ってみたいという願望はあるが、そこにあまりドラマチックな展開は生まれない。月に兎がいないことも、江戸時代の人はなんとなくわかっていたのかもしれない。

月は行くよりも、ながめているほうがよい、ということなのかもしれない。

(1)道教…黄帝、老子を祖とする多神教の宗教。中国の民間宗教に影響を与えた。
(2)嫦娥…中国の伝説上の女性。月宮殿に住んだ。道教では月の女神として祀られている。
(3)西遊記…中国四大奇書の一つ。十六世紀頃に書かれた。唐の僧侶、三蔵法師(玄奘)の天竺への旅に、孫悟空、猪八戒、砂悟浄が供となり繰り広げる冒険譚。
(4)天蓬元帥…天の川を守備する水軍の指揮官。
(5)猪八戒…「西遊記」の登場人物。元は天界で天蓬元帥の任にあったが、女好きで、嫦娥を口説いて、人間界に追放となった。そのおり、人間の女でなく、豚の腹に宿ることとなり、腹を破って生まれ豚の妖怪となり、人を食らって生きる。観世音より三蔵法師の供を命じられ改心し、天竺へ行く。
(6)竹取物語…日本最古の物語文学。作者不詳。かぐや姫の物語として一般に知られている。

《月宮殿》

上方落語。徳さんいう男が鰻を料理しようとしていた。徳さんの手をすりぬけようとする鰻、実は年古い鰻で龍になって飛んでゆく。徳さん、鰻に必死で掴まって、そのまま天空へ。たどり着いた雲の上で、旧知の雷様の五郎蔵と会い、月宮殿の祭り見物。天空の旅を描いた落語。

ね

猫のいる茶店

《猫《ねこ》の皿《さら》》

茶店のまわりには、猫がたくさんいたという。

たぶん、旅人が飯のあまりをくれたりするからだろう。現代でも盛り場には猫がいる。猫は人間が善意で餌をくれることを知っているんだ。

茶店の飯は馬方や駕籠かきが食べるから少し大盛りになっている。だから、普通の旅人では少し多い。残すのももったいないし、どうしようと思っているところへ、猫が寄ってきてかわいらしい顔で「ニャー」と鳴いたら、猫ちゃんにあまりをあげようか、ということになるのだろう。

旅の噺で猫が出て来るのが《猫の皿》。

主人公は道具屋だ。道具屋はよく旅をした。田舎をまわって、豪農の蔵に眠っている骨董とかを買ってこようというのだ。今もある。時々チラシなんかがポストに入っている。「骨董、古切手、時計がありましたら高く買います」。多分、そんなに高くは買ってはくれないいんだろうが、おじいちゃんが集めていた骨董や切手は、あってもなんの役にも立たないから、数万円でも引き取ってもらえたら嬉しかったりする。

この道具屋も田舎をまわって、価値のわからない奴がいい骨董品を持っていたら、安く買ってやろうと旅をしている。いや、彼はそこまで悪くはない。江戸も後期になると、皆が裕福になり、茶道具や書画を集める人が多くなった。皆が集めて手放さないから、道具屋は品薄。そこで田舎をまわって骨董を探そうと旅に出た。だから、それなりの値段で買うつもりだった。

ところが、とんでもないものを見てしまった。街道の茶店で、猫が餌を食べていた。猫の皿がなんと高麗の梅鉢(1)という名器だった。

「知らないとは恐ろしい。茶店の親父は何も知らないんだ。こら、ひとつ、ふんだくってやろう」

道具屋に悪心が起こった。

皿を売れと言ったら、高い皿なんじゃないかと警戒して、安く買い叩くことは出来ない。そこで、道具屋は猫を抱きかかえて、可愛い猫だと言う。

「どうだい、この猫をゆずっちゃくれないか」

あたりに何匹も猫がいる。茶店に集まってきているのだ。どの猫も可愛いからゆずるわけにはいかないという親父に、

「どうしても連れて帰りたくなっちまったんだ。なんとかゆずっちゃくれないかな。そんなにいるんだから一匹くらいいいじゃないか。よし。カツブシ代に小判を三枚、置こうじゃないか」

「三両だなんて、あなた、そうまでおっしゃるなら。あなたみたいな方にもらわれたら、こいつも幸福でございましょう。わかりました、差し上げます」

「ありがとうよ。そうだ、この皿で飯を食わせているのかい」

「左様で」

「そうかい。猫ってえのは食いなれない皿じゃ餌は食わねえっていうから、この皿、もらっていくぜ」

「それは駄目です。あなたはご存じないかもしれませんが、それは高麗の梅鉢と申しまして、三百両はする皿でございますので、こちらの別の皿をお持ちください」


茶店の親父、知っていたんだ。

というか、高麗の梅鉢で猫に餌をやっていると、時々、猫を買って行く人がいるらしい。猫は茶店のまわりにいくらもいるから。こら、いい商売である。

人間、人を騙して儲けようなんていう了見だと、思わぬ損をする。自分がかなりしたたかな奴だと思っても上には上が必ずいるという話。

旅には自分の知らないことがたくさんあり、意外な落とし穴もある。高価な皿で猫に餌をやっていても、うっかり欲を出しちゃいけないんだね。

（1）高麗の梅鉢…朝鮮で作られた、梅の花びらの形を模した皿。

《猫の皿》

道具屋が旅の途中に寄った茶店で、猫が高麗梅鉢という高価な皿で餌を食べていた。茶店の主人が価値を知らないんだと思った道具屋は、騙し取ろうと策を考える。現在でもよく演じられている一席。

な

奈良名物

《猿後家《さるごけ》》

上方に行ったら、京、大坂だけでなく、奈良の地も訪ねてみたい。上方の人も伊勢参りの途中、奈良の名所を訪ねる、なんていうこともある。

上方落語《猿後家》、太兵衛というおべっか男、ある金持ちの後家さんにたいそう気に入られている。後家さんにおべっかを言い、こずかいをもらって生活している。

太兵衛は町内の旦那衆に頼まれて、案内役で伊勢参りに行くと言って、後家から高額の選別をもらって旅立つ。しばらくして、土産を持って訪ねて来る。律儀なんじゃない。土産話をして、また、こずかいにありつこうというのだ。

「奈良へも寄りまして、奈良の見物もして参りました。お家はんは奈良はお詳しいですか」

「私は奈良には一ぺんも行ったことがないの」

「左様でございますか。是非お行きなさいませ。閑静なええ所でっせ。ざっと説明いたしましょう」

と、奈良の土産話がはじまる。

「奈良の駅を降りましたところ、これ、三条通と申しまして、ここは角細工、奈良漬、霰酒《あられざけ》(1)、土産物を売っている店がずらっと並んでおります。これをしばらく参りますと、印判屋に小刀屋という二軒の宿屋がございまして、ここが奈良で一番大きな宿屋でございます。これを、たらたらっと上がったところにありますのが、西国三十三箇所第九番目の札所、南円堂(2)にございます。『普陀落や南の岸に堂建てて、今も栄えん北の藤波』と申しまして、藤原冬嗣《ふじわらのふゆつぐ》(3)が建立したお堂やそうでございますが、この一帯が興福寺(4)の境内になっておりましてな、これを北に参りますと東大寺(5)。こらまた奈良で一番大きなお寺でございまして、南大門(6)という仁王(7)がございます。東にあるのが快慶《かいけい》(8)の作、西にあるのが運慶《うんけい》(9)の作、正面が大仏殿でございまして、身の丈五丈三尺五寸あって、鼻の穴を傘を差して通れるんやそうでございます。それを裏手へくるりとまわりますと、二月堂《にんがつどう》(10)に三月堂(11)、若狭の呼び水(12)、良弁杉(13)、この二月堂には十一面観世音がお祀りしてございましてな、肌に温かみのあるところから一名、肉身の像と言うんやそうでございますな。隣にあるのが手向山(14)の八幡宮、『この度は幣も取りあえず手向山、紅葉の錦、神のままに』とか申しまして、秋になるとそら紅葉が美しゅうございます。これをずーっと行きますと山がございまして三笠山(15)。こらまた絨毯を敷き詰めたように美しゅうございましてな、これを、たらたらっと下って参りますと春日大社(16)。ここには灯篭の数が仰山にございまして、灯篭の数を読んだものは長者になれるやそうでございますが、いまだに読んだ者もなければ長者になった者もないいんやそうでございます。走り元の大黒、白藤の滝、これをちょっと参りますと池がございまして、のの字形になってございまして、魚半分水半分、龍宮まで届くという猿沢の池(17)……」

「ちょっと待ちなはれ、あんた今、池の名前をなんて言いなはった?」

この後家さん、顔が猿に似ているところから、「猿」の話題が出ると怒り出す。猿に似た顔がコンプレックスになっているから、「猿沢の池」で激怒する。

それにしても太兵衛の流れるような奈良名所案内はわかりやすい。街筋の案内から、大仏様。紅葉の手向山、そして、三笠山の美しさ。大仏と並ぶ春日大社の灯篭と、奈良の街を網羅する。おべんちゃらで生活しているだけのことはあって、名所案内は用意周到だったが、「猿沢の池」までは気付かなかったのだろう。

このままでは明日から飯のタネがなくなると思った太兵衛、番頭に知恵を借り、すぐに後家のところへ戻る。

「魚半分水半分、龍宮まで届くという深い池やさかい、はまったら助からんと思ったら、ぞーっと寒気がする、誰言うとなしに、寒そうの池」

おべっかで池の名前まで変えちゃった。一度は後家の機嫌も治るが、番頭の入れ知恵の余計なべんちゃらを言ってまた失敗する。落語は案外、楽して儲ける、べんちゃら野郎には厳しいのである。

(1)霰酒…あられ餅を焼酎につけて干し、みりんに入れて密封、熟成させた酒。
(2)南円堂…興福寺の西側にある建物。
(3)藤原冬嗣…宝亀六（七七五）年~天長三（八二六）年。平安時代の貴族。桓武天皇、平城天皇、嵯峨天皇、淳和天皇に仕えた。
(4)興福寺…奈良にある寺院。藤原不比等により建てられた。
(5)東大寺…奈良にある寺院。大仏があることで知られている。世界遺産に登録。
(6)南大門…東大寺にある門。運慶・作の金剛力士像がある。国宝。
(7)仁王門…寺院を守護する金剛力士像を安置した門。
(8)快慶…生没不詳。鎌倉時代の仏師。浄土寺阿弥陀三尊像、東大寺地蔵菩薩像などがある。
(9)運慶…?~貞応二（一二二四）年。鎌倉時代の仏師。東大寺金剛力士像、興福寺弥勒仏像などがある。
(10)二月堂…東大寺にある仏堂。奈良時代に建てられた。奈良早春の風物詩「お水取り」が行われる。
(11)三月堂…東大寺にある仏堂。奈良時代に建てられた。法華堂とも呼ばれる。
(12)若狭の呼び水…お水取りの水を汲む若狭井がある。
(13)良弁杉…東大寺二月堂正面の杉の木。奈良時代の名僧、良弁が赤ん坊の時、鳶にさらわれたが、この杉の木にひっかかって助かったという故事を伝えている。
(14)手向山…東大寺近くの紅葉の名所。
(15)三笠山…奈良の山。標高三百四十二メートル。

（16）春日大社…奈良にある神社。藤原の氏神を祀る。奈良の鹿は春日大社の使神。
（17）猿沢の池…奈良公園にある池。興福寺五重塔が池に写る観光スポット。

《猿後家》
猿に似ている金持ちの後家は、そのことを気にしているので、後家の前で「猿」は禁句。後家に世辞を言ってこずかいをもらって生活している太兵衛が、奈良名所を語る途中、うっかり「猿沢の池」と言ってしまったため、後家は激怒する。上方落語だが、東京でも演じられている。

ら 落語家の旅

《旅《たび》の里扶持《さとぶち》》

現代では地方公演の落語会は落語家にとって貴重な稼ぎ場所になっている。

昔は落語は江戸ローカルな芸能で、地方へ旅公演に行くなんていうことはまずなかった。明治になって鉄道が出来てはじめて落語家が地方から呼ばれるようになった。

その頃でも地方に落語家が行くと、鉄砲を持った猟師に追いかけられた。聞いたら、ハナシカとカモシカを間違えた、という五代目古今亭志《ここんていし》ん生《しょう》のマクラはあまりにも有名だ。昭和になってラジオで落語が放送されるまで、地方の人は落語なんて知らなかった。

しかし、江戸時代の落語家はまったく地方に行かなかったかというと、そんなこともない。どういう人が地方に行ったのか、何かしくじりをやらかして、江戸にいられなくなると旅に出た。

落語家のしくじりと言えば、師匠かご贔屓をしくじって寄席に出られなくなる。そうすると生活が出来ないから、旅回りの一座に入る。落語の一座なんてない。芝居の一座で、幕間に小噺をやったり、脇役で出演したり、裏方の雑用もやったりする。楽屋泊まりの煎餅布団にくるまり、芝居一座の荷車を押しながら二年三年地方を歩いて、ほとぼりが冷めた頃、江戸に戻ってくるというのが落語家の旅だ。それでも飯が食えて寝るところがあるからまし。

酷い時は、御難に遭う、なんていうことがあった。お客が入らず、旅先で一座が解散。あるいは、興行主が金を払わなかったり、一座の誰かが金を持って逃げちゃう、なんていうこともあったんだそうだ。

そうなると、別の一座に入って旅を続けるか。乞食同様で江戸に戻るしかない。

《旅の里扶持》は御難に遭って苦渋の旅をする落語家の噺。長谷川伸《はせがわしん》(1)の作で、主人公は四代目林屋正蔵《はやしやしょうぞう》(2)の若き日の物語。長谷川が八代目林家正蔵(3)に「正蔵の噺だから、是非おやりなさい」とすすめたそうだ。

師匠をしくじり旅に出た若い落語家の正喬は、さらに旅先で御難に遭って一座は解散。

師走の上州路を一文なしで空っ風に吹かれながら歩いている。前橋でたまたま見掛けた江戸の芸人の看板を頼り訪ねたのは、天狗連(4)の落語家、蝶々家とんぼと、音曲師の江戸屋駒吉の夫婦で、二人は夜逃げをするところだった。縁あって夫婦とその赤ん坊で旅の道連れとなるが、本庄でとんぼはお駒母子を見捨てて逃げてしまう。仕方なく、お駒の三味線で正喬が新内流し(5)をする。

新内っていうのは江戸浄瑠璃のひとつ。哀切あふれる高音の声節が特徴。盛り場を流して歩き、声が掛かると座敷に上がって一節語る。七百文、八百文、新内なら、いくらかは稼げる。

だが、お駒が病になってしまう。三味線がなければ新内は語れない。

正喬は一人、酒を飲んでいる座敷を訪ね、

「江戸の噺家でございます。小噺を一席」

噺を聞く人なんていない。そら、そうだ。カモシカと間違われるくらいの田舎だ。噺は聞いてもらえない辛さ、加えて、お駒の薬代やら、赤ん坊の食い扶持にも困る。

落語家の旅はとにかく辛いんだ。

そんな旅を続けるうちに、お駒は死ぬ。

それは珍しく、近隣の寺で正喬にお座敷が掛かった夜だ。落語が受けて、正喬は二晩高座を勤めた。これで薬や飯が買える。

正喬の留守の間に、お駒は一人寂しく死んだ。亭主に捨てられ、正喬にも捨てられたかもしれない。寂しさに心が包まれながら、子供の行く末を案じ死んでゆく女が哀れでならない。

この金を見せてお駒の喜ぶ顔をみたかった。なんのために落語をやったんだ。受けて気分よく休んだ夜に、お駒は木賃宿で寂しく死んだ。非情な運命。そうした辛い旅が芸の肥やしとなったのか。正喬は赤ん坊を里子に出し、江戸へ戻る。寺でもらった祝儀が里扶持になった。数年後、正喬は落語家として大成し、四代目正蔵となった。ある日、高崎でお座敷が掛かり、上州路へ旅する。そこはお駒と歩いた田舎道。正蔵の口から出る新内の「蘭蝶《らんちょう》」[6]はお駒への鎮魂の一節なのか。

（1）長谷川伸…明治十七（一八八四）年〜昭和三十八（一九六三）年。劇作家、大衆文学作家。股旅

ものの小説、戯曲を多く執筆。大衆演劇などでよく上演される。代表作、「瞼の母」「一本刀土俵入り」「暗闇の丑松」「関の弥太っぺ」など。

(2) 四代目林屋正蔵…?～明治十二(一八七九)年。幕末～明治の落語家。四代目までは「林屋」。

(3) 八代目林家正蔵…明治二十八(一八九五)年～昭和六十(一九八五)年。落語家。怪談噺、人情噺、芝居噺を得意とし、稲荷町の長屋に住んでいたところから、「稲荷町の師匠」と呼ばれた。昭和五十六(一九八一)年正蔵の名を返上し、彦六を名乗った。頑固一徹なイメージから、没後もエピソードなどが高座で綴られ、今日でも伝説の落語家の一人として親しまれている。

(4) 天狗連…素人の落語家。

(5) 新内流し…色街を二人一組で二丁の三味線を弾きながら流す新内語り。呼ばれて座敷に上がり、一段語る。

(6) 蘭蝶…新内古曲の代表的な曲目。本題は「若木仇名草」。作詞、作曲・初代鶴賀若狭掾。声色芸人の蘭蝶は遊女とわりない仲となり、妻を捨てて心中する。「縁でこそあれすえかけて」の名文句から「えんでこ」とも呼ばれる。

《旅の里扶持》

四代目林屋正蔵が正喬を名乗っていた若き日、師匠をしくじって旅に出た。上州で一座は解散、天狗連の落語家と音曲師の夫婦と赤ん坊で旅をするが、亭主は女房と赤ん坊を捨てて逃げてしまう。正喬と母子は旅を続けるが、とうとう母親も死んでしまう。長谷川伸・作、八代目林家正蔵が口演した新作の人情噺。八光亭春輔、林家正雀が演じている。

郵 便 は が き

料金受取人払郵便

日本橋局承認

1337

差出有効期間
2021年6月
19日まで

103-8790

052

東京都中央区日本橋小伝馬町1-5
PMO日本橋江戸通

株式会社 教育評論社

愛読者カード係 行

ふりがな		生年 明大 昭平 □□ 年	
お名前		男・女	歳
ご住所	〒 都道府県 区 市・町 電話 ( )		
Eメール	@		
職業または学校名			

当社は、お客様よりいただいた個人情報を責任をもって管理し、お客様の同意を得ずに第三者に提供、開示等一切いたしません。

愛読者カード

※本書をご購読いただき有難うございます。今後の企画の参考にさせていただきますので、ご記入のうえ、ご返送下さい。

書名

●お買い上げいただいた書店名

（　　　　　　　　　　　　　　　　　　　　　　　　　）

●本書をお買い上げいただいた理由

□書店で見て　□知人のすすめ　□インターネット

□新聞・雑誌の広告で（紙・誌名　　　　　　　　　　　　）

□新聞・雑誌の書評で（紙・誌名　　　　　　　　　　　　）

□その他（　　　　　　　　　　　　　　　　　　　　　　）

●本書のご感想をお聞かせ下さい。

○内容　□難 □普通 □易　　○価格　□高 □普通

●購読されている新聞、雑誌名

新聞（　　　　　　　　　　）　雑誌（　　　　　　　　　　）

●お読みになりたい企画をお聞かせ下さい。

●本書以外で、最近、ご購入された本をお教え下さい。

購入申込書　小社の書籍はお近くの書店でお求めいただけます。直接ご注文の場合はこのハガキにご記入下さい。

書　名	部　数
	冊
	冊

ご協力有難うございました。

む

武者修行

《火焔太鼓《かえんだいこ》》

戦国時代から江戸初期に掛けて、名のある武芸者が多く現われた。宮本《みやもと》武蔵《むさし》(1)、塚原卜伝《つかはらぼくでん》、上泉伊勢守《こういずみいせのかみ》(2)、武満流風軒《たけみつりゅうふうけん》(3)、磯端伴蔵《いそばたばんぞう》(4)、柳生石舟斎《やぎゅうせきしゅうさい》(5)、柳生宗矩《やぎゅうむねのり》(6)、柳生十兵衛《やぎゅうじゅうべえ》(7)、荒木又右衛門《あらきまたえもん》(8)……、剣だけでなく、槍なら、宝蔵院《ほうぞういん》胤栄《いんえい》(9)、笹野権三《ささのごんざ》(10)、馬術なら、間垣平九郎《まがきへいくろう》(11)らもいる。多くの武芸者が技を競った。それらの武芸者は、皆、旅に出た。己の技を磨く、武者修行の旅だ。

武芸者の旅は、行く先々の武芸の道場を訪ね、師範に教えを乞うたり、あるいは他流試合をしたりする。武芸の腕が立つから、その土地の領主や村人に頼まれて、山賊退治や、時には妖怪退治なんかもしたりする。一人で旅をしているところを山賊や猛獣に襲われて、結果、退治して名をあげる、なんていうのもあった。

宮本武蔵は巌流島での佐々木小次郎《ささきこじろう》との試合が有名であるが、他にも、武満流風軒や、塚原卜伝、柔術の関口弥三郎《せきぐちやさぶろう》とも試合をしている。塚原卜伝との鍋蓋試合は有名。鍋蓋試合とは、隠棲している卜伝を武蔵が訪ね試合を挑んだところ、卜伝は丸腰で、「いつでも打ちかかってよい」と言う。隙をうかがい武蔵が打ち込むと、囲炉裏の鍋蓋で武蔵の木刀を受けたという。卜伝強いね。また、武蔵は姫路で狸や狐の妖怪、箱根山では狼の群れを退治している。

塚原卜伝は武蔵よりも一時代昔の人で、実は鍋蓋試合はなかったらしい。無手勝流という戦わずして勝つ技は、落語《巌流島《がんりゅうじま》》に登場する。他にも、武蔵国で化け猫を退治している。徳川幕府が開かれる以前の武蔵国は、草深い平野で妖怪なんかもいたのだろう。

柳生十兵衛は武芸に熱中しすぎて、頭がおかしくなった。沢庵和尚《たくあんおしょう》(12)の治療で治ったが、それを秘密にし、柳生家の跡目を継がずに旅に出る。しかし、それは沢庵の策略で、ただの武者修行でなく隠密の旅であったという。これは講談《柳生三代記《やぎゅうさんだいき》》のお話。石舟斎が剣の道で新影流の礎を作り、宗矩が徳川家康《とくがわいえやす》、秀忠《ひでただ》、家光《いえみつ》に仕えて大名となり柳生家の基盤を作った。そして、さらに宗矩の子、十兵衛が反徳川勢力の動向を探り旅立った。十兵衛の弟、宗冬《むねふゆ》(13)も武者修行の旅に出て、日光の山中で磯端伴蔵に剣を学んだ。多くの武芸者の活躍が講談に描かれている。

妖怪退治で有名な武芸者と言えば、岩見重太郎だろう。誰だ? 大坂の陣で豊臣方となり、真田幸村《さなだゆきむら》(14)、後藤又兵衛《ごとうまたべえ》(15)、木村重成《きむらしげなり》(16)、塙団右衛門《ばんだんえもん》(17)らと並ぶ武将。若き日に武者修行の旅の途中、信濃大町で、狒々《ひひ》の妖怪を退治した。宮本武蔵は狐狸、塚原ト伝は猫だから、岩見重太郎の狒々退治はスケールがでかい。
で、狒々って何? うーん、よくわかんない、猿の妖怪らしい。でもって、女性を襲う。昔はセクハラ親父のことを狒々親父と言った。今は死語だが、昔は一般的だった言葉はいくらでもある。セクハラ、エロ親父の象徴ともなっている猿の妖怪が狒々だ。

道具屋の出て来る落語《火焔太鼓》などで、よくまがいものの骨董品が出て来る。平清盛《たいらのきよもり》の尿瓶とか、源頼朝《みなもとのよりとも》の幼少の頃の頭蓋骨とか、小野小町《おののこまち》が源為朝《みなもとのためとも》に宛てた恋文とか。その中で「岩見重太郎の草鞋」というのが出て来る。岩見重太郎は武者修行で全国を歩いたから、案外あちこちに草鞋が残っていたのだそうだ。

平清盛、源頼朝、小野小町、源為朝は結構有名な歴史上の人物、対して岩見重太郎はそんなに有名ではない。大坂の陣が舞台の映画やドラマにもあまり出て来ない。真田幸村、後藤又兵衛と比べたら、そんなに知名度はない。

いやいや、宮本武蔵なんて吉川英治《よしかわえいじ》(18)の小説で、柳生十兵衛なんて千葉真一《ちばしんいち》(19)で有名になった。世の中に娯楽が講談しかなかった時代は、岩見重太郎は有名人だった。狒々退治をしたが、その狒々もよくわからない時代になり、岩見重太郎も人から忘れれていったようだ。それでも「岩見重太郎の草鞋」なんていう落語のネタに残っているのが、なんとも愉快である。

(1) 宮本武蔵　天正十二（一五八四）年～正保二（一六四五）年。安土桃山時代から江戸初期の剣客。巌流島の戦いなど多くの他流試合で勝利した。「五輪書」を著す。伝説的物語や講談で語られていたが、吉川英治の小説で広く知られた。山本周五郎の「よじょう」は晩年の武蔵をリアルに描いている。

(2) 上泉伊勢守…永正五（一五〇八）年～天正五（一五七七）年。室町時代の剣客。新陰流の祖。

(3) 武満龍風軒…安土桃山時代の剣客。

(4) 磯端伴蔵…安土桃山時代から江戸初期の剣客。磯端神陰流の祖。講談では、柳生宗冬に剣を教えた。

(5) 柳生石舟斎…大永七（一五二七）年～慶長十一（一六〇六）年。安土桃山時代の剣客。筒井順慶、松永久秀らに仕え、柳生新陰流を確立。

（6）柳生宗矩…元亀二（一五七一）年～正保三（一六四六）年。安土桃山時代から江戸初期の剣客。徳川家康、秀忠、家光の三代に仕え、柳生家を大名とし、柳生新陰流の礎を築いた。
（7）柳生十兵衛…慶長十二（一六〇七）年～慶安三（一六五〇）年。江戸初期の剣客。宗矩の長男。家督を継がず、諸国を旅した。小説、映画、テレビドラマの題材となり活躍。映画では、近衛十四郎、千葉真一らが演じた。
（8）荒木又右衛門…慶長四（一五九九）年～寛永十五（一六三八）年。江戸初期の剣客。柳生宗矩、十兵衛に剣を学び、柳生新陰流を極める。岡山藩士の渡辺源太夫が同僚の河合又五郎に殺されたため、源太夫の兄、数馬の仇討ちの助太刀をし、伊賀鍵屋の辻で又五郎らを討った。
（9）宝蔵院胤栄…大永元（一五二一）年～慶長十二（一六〇七）年。安土桃山時代の僧侶、武芸家。十文字槍による宝蔵院流槍術を創始した。
（10）笹野権三…講談の登場人物。江戸初期の紀州藩士で、宝蔵院流の槍の達人。義父の仇を討つ。また、浄瑠璃「鑓権三重帷子（やりのごんざかさねかたびら）」では無実の不義で逃亡の果て、討たれる。
（11）間垣平九郎…江戸初期の武士。馬術の達人で、講談「寛永三馬術」の主人公の一人。
（12）沢庵和尚…天正元（一五七三）～正保二（一六四五）年。江戸初期の僧侶。天海、柳生宗矩らと親しく、徳川家光の側近となる。品川に東海寺を開いた。漬物の沢庵の考案者と言われている。
（13）（柳生）宗冬…慶長十八（一六一三）年～延宝三（一六七五）年。江戸初期の剣客。柳生宗矩の三男。柳生家を継いだ。
（14）真田幸村…永禄十（一五六七）年～慶長二十（一六一五）年。安土桃山時代から江戸初期の武将。信濃の小領主だったが、関ヶ原の戦いで秀忠率いる大軍を足止めし、大坂の役でも徳川軍を苦しめたが、討ち死に。猿飛佐助、霧隠才蔵ら十勇士を従えていた。

(15)後藤又兵衛…永禄三（一五六〇）年〜慶長二十（一六一五）年。安土桃山時代から江戸初期の武将。黒田家に仕え、のちに豊臣家に仕え、豪傑として名を馳せた。大坂の役で討ち死に。
(16)木村重成…文禄二（一五九三）年〜慶長二十（一六一五）年。江戸初期の武将。豊臣秀頼に仕え、大坂の役で討ち死に。
(17)塙団右衛門…永禄十(一五六七)年〜慶長二十(一六一五)年。安土桃山時代〜江戸初期の武将。出生、経歴は諸説あるが、加藤嘉明の臣となり、その後、小早川秀秋に仕えた。浪人して、大坂の役に豊臣家に参陣するも討ち死に。
(18)吉川英治…明治二十五(一八九二)年〜昭和三十七(一九六二)年。作家。大衆小説で活躍。代表作「宮本武蔵」「鳴門秘帖」など。
(19)千葉真一…昭和十四（一九三九）年〜。俳優。アクションスターとして、日米の映画、テレビで活躍。主な出演作、「柳生一族の陰謀」「仁義なき戦い」「キーハンター」「影の軍団シリーズ」「キル・ビル」など。

《火焔太鼓》

人がいいけど商売下手の道具屋の主人、甚兵衛が太鼓を買ってくる。たまたま駕籠で通り掛かった大名が太鼓が見たいと言う。「そんなもの売れるはずない」と女房に言われつつも太鼓を担いで屋敷へ行く甚兵衛、なんと太鼓は火焔太鼓という世に二つという名器だった。五代目古今亭志ん生の十八番。笑いだくさんで、演じる落語家も多い。

お江戸こぼればなし　肆

旅芸人

今でこそ、落語家や浪曲師、お笑い芸人とかは地方公演が稼ぎ場所。歌手や役者も、地方都市の劇場での公演が高収益をもたらす。

昔は鉄道も自動車もないから、旅に出るなんていうのはなかなか出来ない。芸人や役者が旅に出るのは、江戸や大坂にいられない事情がある時で、旅回りの一座に入っての過酷な旅になる。そうした苦労が芸の肥やしとなり、江戸や大坂に戻って大成する人もいれば、そのまま旅でのたれ死にする者も多くいた。

旅回りの芸人の元祖は放浪の民だ。山の物資を村に運ぶだけでなく、曲芸や歌や手品なんかを見せて客寄せを行った。他所の者が来ることが少ない昔は、そうした芸をする一行が来ることが特別なことで楽しみでもあったし、他所の者が村に来ることは恐怖でもあった。そうした恐怖が差別のようなものを生んできた歴史もある。

他にも村々をまわって門付けをする芸人も多くいた。一地域のものもあるが、江戸に出て門付けをし、やがては盛り場で芸を見せるものが出て来る。小額でもゆきずりの人から銭をもらうのだから、短い時間でお客を確実に喜ばせねばならない、エンターテインメントの基本はそうやって作られていった。

う

馬

《三人旅《さんにんたび》》

旅人は徒歩だけで旅をしたわけではない。草臥れたら、駕籠や馬に乗った。駕籠は職業でやっている人が多かった。二人で担いで高速で走るからスキルもいる。馬方は馬を引っ張っているだけだから、たいしたスキルはいらない。

馬方の多くは、農閑期に農民が街道に出て、草臥れた旅人を馬に乗せて、こずかい銭を稼いだ。だから、料金も決して高くない。のんびり馬に乗るから、馬方と話しながら行く。近隣の情報なども仕入れられるので、たまに馬に乗るのは旅人も楽しい。

落語《三人旅》の前半は、三人の旅人と馬方のやりとりで綴られる。

「おーい、そっけ足引くずってく人よーっ。たいそうお疲れのようだが、宿場まで馬やんねえか」

田舎言葉で話し掛ける。街道で客引きをしているのだ。

「高いこと言っちゃいけねえよ。安けりゃ乗ってやろうじゃねえか」

「そうかね。それじゃ、『やみ』でどうだね」

早速値段の交渉。馬子が符牒(1)で言ってくる。旅慣れていれば符牒がわかるが、旅慣れていないとわからない。馬子に舐められて高くふっかけられるから、「『やみ』はいくらだ」とは聞けない。

「『やみ』は高い。『月夜』にまけろ」

「『月夜』って符牒は知らねえだよ。『月夜』ちゅうはいくらだね」

「月夜に釜を抜く(2)っていうから無料だ」

無料は酷いね。旅人はこういう交渉も楽しむ。結局、旅人は二百文（約五千円）で馬に乗る。値切ったつもりだが、『やみ』の意味は二百文だった。

交渉に当たった馬方が、他に二人を呼ぶ。


「花之丞に茂八つぁーん、空馬引っ張って帰るのは馬鹿みちまうだよ。安かんべえが、あきらめて乗っけてやるがええだよ」

「なんだ、あきらめてっていうのは」

「聞こえたかね。今のは内緒話」


農民は声が大きいから、全部お客に筒抜けだ。


「お前くらい正直な畜生はいねえだな。上へ歩く時は綱引いても歩まねえくせに、家へ帰ると思えばおらより先に面《つら》つん出しやがって。おいおい、面をぶんまわすな。それにしてもお前、長い面だ」

「おいおい馬子さんよ。馬の丸顔なんてえのはいねえや。しかし、なんだろう。こうやって毎日、馬引いて、可愛いもんだろう」

「ほえ。可愛いもんですよ。他の者の言うことはきかねえが、おらの言うことはききますだ」

馬方にはスキルはいらないが、いつも一緒にいることが肝心。すなわち、馬への愛だ。一頭遅れる馬がいる。後足を怪我した馬までいる。競走馬じゃない。農耕馬だから。怪我しても働いているんだ。

「おらんところじゃ、びっことは言わねえだよ。長い短いって言う」

「酷い馬に乗せやがったなぁ。でもなんだろう、こういう馬のほうが、素直に言うことをきくんだろう」

「それが素直でねえだよ。疳の高い畜生でよ。腹立てると、めくら滅法に駆け出して危なくて始末に負えねえ。昨日なんか、むこうの坂の途中でよ、野郎、何にたまげたか駆け出して、あとで考えたら、野郎、でかい屁を垂れたが、その屁にたまげた」

「冗談じゃねえや。屁に驚くこともねえじゃないか」

「坂のてっぺんまで駆け出してよ。谷に落ちるところだった」

「客が乗っていなくてよかったな」

「空身ではやらねえだよ。客人乗せると走りたがる」


旅にはとんだ危険がつきものだ。

（1）符牒…隠語。業界内の言葉。
（2）月夜に釜を抜く…油断をして失敗すること。明るい月夜に、釜を盗まれるの意。

《三人旅》

「い」参照

ゐ

異界《い(ゐ)かい》への旅

《一眼国《いちがんこく》》

香具師《やし》(1)もよく旅をする。全国の高市《たかまち》(2)で商売をするから、日々が旅だ。

香具師でも、たとえば江戸で、両国広小路(3)などの盛り場で、見世物小屋なんかを経営したりして定住している香具師もいる。そんな香具師は旅をしないかというと、そんなことはない。

見世物小屋は見たこともない凄いものを見せなければお客は来ない。

「六尺のオオイタチ」、そんなでかい鼬《いたち》は見たことがないと、銭払って入ったら、六尺の大きな板に血がついていた。

「傍に寄ると危ないって言ったじゃねえか」

「板が倒れたら危ない」

見世物小屋の落語のマクラでおなじみの「オオイタチ」なんてえのは落語の中の話。たとえインターネットがなくたって、そんなインチキを見せていればすぐに噂が広まって客なんか来ない。逆に、ホントにアッと驚くようなモノを見せれば、連日大勢の客が詰め掛ける。

だから香具師は、珍しいモノを探して、全国を旅しなければならないのだ。

落語《一眼国》は、客の来ない見世物小屋を経営している香具師が主人公。なんとか珍しいモノを探して見世物興行で当てて一儲けしたいと思っている。

「六部さん、飯を食っておくれ。お前はほうぼう旅して歩いているんだ。何か珍しい話を聞かせておくれでないか」

香具師も闇雲には歩かない。情報収集をする。たまたま小屋の近くを六十六部が通り掛かった。それを家に連れて来て飯を食わせた。

珍しいモノなんか見たこともないと六十六部は言う。連れて来ちゃったんだから仕方ない。あきらめて飯を食わす、そのうち六十六部が奥州で一つ目小僧に会った話をはじめた。

「これを生け捕って小屋に出したら、江戸中の人気だ。小屋が壊れるくらい客が来るよ」

香具師はすぐに旅支度。奥州路を百里ほど来る。

六十六部の言った通り、寂しい原っぱに出た。夕暮れ時、「おじさん、おじさん」と声を掛けられた。

「あっ、出た。出たよ。不思議なものだね。いる所にはいるね。ありがてえ、ありがてえ。坊や、おじちゃんがね、いいものをあげるから、こっちへおいで。おいて、おいで」

子供は無邪気だから、そばへちょこちょこ来たのを、小脇に抱えて走った。

「きゃーっ」

子供が叫んだのを、あわてて口をふさいだが間に合わなかった。竹法螺が、ぶぉ～っ、半鐘がカンカンカン。

ふり返ると見通しもつかないような広い原、地面から湧くように、ぴょこぴょこひょこぴょこ、人数が増えて、あとを追って来る。

なれない道で、何かに躓いてつんのめったところを、大勢に捕らわれて、役所に引き立てられた。

誘拐の現行犯。

奉行の前に引き出される。

「かどあかしの罪は重いぞ。面を上げえ」

香具師が顔を上げると、なんと、奉行も役人も、香具師を捕らえた村人たちも皆、一つ目。一つ目ばかりが住む一眼国に来ていたという噺だ。

たしかに、この世の物とは思えぬものが、時々あったりするのは、私たちが住む世界とは違う異世界があるのかもしれない。一つ目の国や、三つ口の国が、どっかにあったっておかしくない。

ちなみに江戸から北へ百里だと、だいたい秋田の手前、そのあたりに一眼国に通じる入り口があったのかもしれない。

（1）香具師…縁日、祭礼などで見世物興行をしたり、安価な菓子や玩具などを販売することを業とする者。
（2）高市…祭礼などの縁日。
（3）両国広小路…両国橋の近辺に作られた広い道。現在の京葉道路。江戸時代は、見世物小屋や葦ず張りの芸能公演などが行われ賑わった。

《一眼国》

見世物小屋を経営している香具師が六十六部から、一つ目小僧の噂を聞き、捕まえようと奥州へやって来る。香具師はいつの間にか一つ目の国に迷い込んでしまう。SFチックな不思議な一席。噺は短いので、見世物のマクラをふる場合が多い。

の

のたれ死に

《粗忽長屋《そこつながや》》《野《の》ざらし》《小間物屋政談《こまものやせいだん》》

落語と違い講談には、清廉な人物がよく出て来る。

かわいがって育てていた一人息子が死んでしまう。財産をゆずるはずの息子が死んでしまい、老夫婦は途方に暮れる。もう生きる目的なんて何もない。死んだ息子の菩提を弔うため、老夫婦は巡礼の旅に出る。

「旅先で行き倒れて、街道の松の肥やしになろうじゃないか」

おそらく、旅先で死ぬだろう。死んだって構うことはない。墓なんかいらない。街道のかたわらに埋めてくれればいいよ。街道には人々が涼をとるために松の木が植えられていた。街道の松の肥やしになれば、旅人たちの助けになるだろう。生きることを諦めて巡礼となり、旅で死んでも誰かの役に立ちたい。

江戸時代は、旅先で死んで、まさか松の木の下には埋められないだろうが、田舎の寺の無縁墓に葬られる人も多くいたのだろう。

巡礼や旅芸人、武者修行の武芸者に渡世人なんかは、のたれ死にする人も多かったのだろう。

落語で「のたれ死に」が出て来るものはあまりない。

《粗忽長屋》で行き倒れが出て来るが、江戸の街中。旅先ではない。

《野ざらし》は向島で屍をさらしている骨が出て来る。向島は今の墨田区。隅田川の向こう側で、まだまだ辺鄙な場所だった。向島も旅先ではないが、旅に出ようとして、江戸から出る寸前、何かの事情で死んで、向島に屍をさらすことになったのではなかろうか。

《野ざらし》の骨は、釣りに来ていた老武士、尾形某に供養され成仏した。成仏する前に尾形のもとに来る。

「向島より参りました。あなた様の回向で無事成仏することが出来ました。何かお礼をいたしとう存じます」

隣家の八五郎が言うに、

「いい女だったねえ。年の頃なら十六、八だ」

「それを言うなら、十六、七、あるいは十七、八だ。七はどうした」

「質は先月流した」

とにかく、十六、七歳くらいの美少女。なんだろう。誘拐されて殺されたか、男と駆け落ちしようとして見捨てられて自害、なんていうようなことだろうか。

十六、七歳の少女がなんでそんなところで死んでいたのか疑問だが、そんな骨が向島にはいくらもあった。

落語《小間物屋政談》、大店の主人、若狭屋甚兵衛は病のため箱根に湯治に出掛けたが、護摩の灰に全財産を盗られ、襦袢一枚で山の中に縛られた。通り掛かった小間物屋の小四郎が自分の着物とわずかな銭を与えた。小四郎はそのまま上方へ。

甚兵衛は江戸へ戻る途中、旅籠で死んでしまう。病があったところへ、護摩の灰に襲われた心労もあってのことだ。これもある意味、のたれ死にに近いかもしれない。

甚兵衛は小四郎に江戸へ戻ったら礼がしたいと言い、住まいと小四郎の名を書いた書付をもらっていた。その書付を見た旅籠の者が死んだのは小四郎と思い、小四郎の女房に連絡、大家が出掛けて死体を確認、死体が小四郎の着物を着ていたことから

「これは小四郎に間違いない」


小四郎の葬式を出し、女房は別の男を亭主に迎え、しばらくしてから小四郎が戻り騒動になる。噺はこれを大岡越前守《おおおかえちぜんのかみ》が裁くのだが。ご都合主義の痛快話。

それにしても、死んだのが若狭屋甚兵衛とわかり呼び出されるまで、若狭屋の家族は甚兵衛から連絡もないのに探したりはしなかったのだろうか。若狭屋の主人が供も連れずに湯治に行くのか？　そういうことを言ったら噺にならない。誰でものたれ死にするかもしれない。気をつけよう。

《粗忽長屋》

八五郎が浅草観音に行った帰り、行き倒れに遭遇する。行き倒れが隣人の熊五郎に似ていたところから、八五郎は急ぎ家に帰り、熊五郎に「お前は昨日、死んだんだ」と言い、熊五郎を浅草に連れて行く。ありえない馬鹿馬鹿しさ。五代目柳家小さんの得意ネタだった。

《野ざらし》

尾形清十郎という浪人が向島へ釣りに行ったおり、草むらの中で人骨を見付け丁寧に回向をしたところ、深夜、人骨が年頃十七、八の美女となって礼に来る。この様子を見た隣家の八五郎、相手が幽霊でも夜中に美人に訪ねて来て欲しいものだと向島へ骨を釣りに出掛ける。八五郎の破天荒な妄想が楽しいおなじみの一席。三代目春風亭柳好が得意とした。

《小間物屋政談》

「大岡政談」のひとつで、またのタイトルを「万両婿」という。小間物屋の小四郎は上方に商売に行く途中、箱根山で追剥に遭って身包み剥がされた甚兵衛を助ける。小四郎は上方へ。一方の甚兵衛は病と心労で死に、死んだのが小四郎だと江戸の女房に伝えられる。女房は別の男と再婚し幸福に暮らしているところへ、小四郎が帰って来た。この一件を大岡越前守がいかに裁くか。

お

追剥
《鈴《すず》が森《もり》》

旅に出ると、いろいろ悪い奴もいる。

旅人の懐を狙う泥棒、護摩の灰なんていう連中は街道のそこここにいた。

他にも、山中など人気のない場所で酒手を強請る、雲助と呼ばれる駕籠屋なんかもいた。酒手を強請るくらいなら、まだいい。若い女が一人で乗れば、そのまま女郎屋に売っちまう、なんていう悪い奴もいた。

箱根山や宇都谷峠なんていうところでは、山賊や追剥も出た。山の中の、昼でも暗い道は要注意ということだ。一人二人では襲われるから、なるべく大勢で行った方がいい。峠道の手前の宿場や茶店で、旅人同士呼び掛けて、峠を越えるまでぞろぞろと集団で行くこともあった。大勢ならば、山賊でもなかなか襲っては来られない。

ところが、その大勢の中に護摩の灰がまざっていて、隙を見て財布を盗ん逃げる、なんていうこともあった。あるいは一人の金を持っていそうな旅人に目をつけて、三、四人の悪党が「峠を越えるまで道連れになりましょう」と言って近付き、峠道で襲う、なんていうのもいた。旅は一瞬の油断をしてはいけないものなのだ。

追剥の出て来る落語《鈴が森》は旅人ではなく追剥のほうの噺だ。

鈴が森というから、品川宿のちょっと先だ。現在は、第一京浜国道を車が行き交い、高速道路の入口があり、近くには品川水族館がある賑やかなところだが、江戸時代は処刑場のある寂しい場所だった。

鈴が森の処刑場の跡は今もある。第一京浜国道と旧東海道が交わるところの公園で、丸橋忠弥《まるばしちゅうや》(1)や八百屋お七《やおやしち》(2)がここで処刑されたことが記されている。

昼間は旅人がいるが、夜は人なんか通らない。よほど急ぎ旅の者が通る。その急ぎ旅を狙って、追剥が出ることがあったという。

落語は間抜けな泥棒が主人公。親分が間抜けな泥棒に追剥のやり方を教えてくれる。

「どこに行くんです？」

「これから鈴が森に行って追剥をやる」

「鈴が森って物騒なところですね」

「むこう行ったら藪の中に隠れる。旅人が通るから、来たなと思ったらいさなり出ちゃいけねえ。やり過ごして後から声を掛けるんだ。追剥の口上(3)っていうのがある」

やりすごして後から声を掛ける。ふいに声を掛けられれば、相手が驚く。恐怖心を抱かせるのだ。

さらには追剥の口上があるって。追剥の口上とは、凄いものがあるものだ。

「おーい、旅人、ここを知って通ったか、知らずに通ったか、明けの元朝から暮れの晦日まで、おらが頭の縄張りだ。知って通ったんなら命はねえ。知らずに通ったんなら命は助けてやる。そのかわり、身ぐるみ脱いで置いていけ。嫌とぬかすなら最期の助、伊達に差さない二尺八寸だんびらもの、うぬの腹におみまい申すぞ」

怖いね。こういう悪い奴が旅先にはいるんだ。

とは言え、夜道を行こうなんていう人は、追剥が出るくらいは百も承知。

「来るなら来い」とばかりに道中差しを抜いて戦う奴もいれば、それこそ尻に帆掛けて一目散、走って逃げる奴もいる。腕力か足に自信がなければ、寂しい道なんて通れない。

落語はお約束、間抜けな泥棒は失敗する。

この噺、故・柳家《やなぎや》喜多八《きたはち》[4]が得意にしていた。追剥なんておよそ出来ないキャラクターの喜多八が語る追剥噺の醍醐味があった。

落語は罪がない。いや、追剥は罪がある。

（1）丸橋忠弥…?～慶安四（一六五一）年。江戸初期の浪人。槍の達人。由井正雪一味に加わる。歌舞伎では、忠弥が江戸城の濠の深さを探っているところを松平伊豆守に見つかり、正雪一味の反乱が発覚する。

（2）八百屋お七…江戸本郷の八百屋の娘。天和二（一六八二）年の火災で焼け出され、吉祥寺に避難、そこで寺小姓の吉三郎と恋に落ちる。本郷に戻ったのち、吉三郎に逢うためにはもう一度火事になればと一途な想いから放火未遂を起こし、捕らわれて火刑となる。井原西鶴「好色五人女」に描かれ、以後、講談や物語で語り継がれた。

（3）口上…芝居で出し物の説明や役者の紹介などを行うこと。商売で商品の説明を述べること。
（4）柳家喜多八…昭和二十四（一九四九）年〜平成二十八（二〇一六）年。落語家。味わい深い芸風で、人気があった。得意ネタ《鈴が森》《もぐら泥》《やかんなめ》など。

《鈴が森》

泥棒の新米に、親分が追剥のやり方を教える。二人は人のあまり通らない、鈴が森に出掛けて行き獲物を待つ。そんな追剥の出そうなところに来る旅人は腕っ節の強い奴で、追剥二人はどうなるか。故・柳家喜多八の名演が懐かしい。現在でも、寄席で演じる人は多い。

く　桑名から熱田の海上七里の船旅

《桑名船《くわなぶね》》

東海道の道中で、海上を舟で行くところが二箇所ある。一つは新居宿まで浜名湖と海が繋がっているところを行く渡し舟、これはごく短い距離。もうひとつが、伊勢の桑名[1]と、尾張の熱田[2]（名古屋）の海上七里、大きな船で伊勢湾を渡る。

船賃は「東海道中膝栗毛《とうかいどうちゅうひざくりげ》」によると、四十五文（約千円ちょっと）。船中、酒や団子も売りに来る。《三十石《さんじっこく》》と同じで寝て行ってもいいし、酒飲みながら船にゆられるのも旅の楽しみ。だが、船中には便所がない。《三十石》は川だから、船の上から立小便も出来た。落語では女性が船の上から座り小便をするのを、船頭がのぞこうとして川に落ちる場面がある。淀川なら落ちてもたいしたことはないが、伊勢湾に落ちたら命がない。立小便が出来ないから、竹の筒を持って乗る。なんとも情けないが、これも生活の知恵だ。酒飲みながら行くなら、竹の筒も二、三本用意したほうがいいかもしれない。

この船の旅を描いた《桑名船》という落語がある。もともとは上方の《兵庫船《ひょうごふね》》。《西《にし》の旅《たび》》のひとつで、《兵庫渡海鱶魅入《ひょうごとかいふかのみいり》》というタイトルでも演じられる。場所が瀬戸内海から伊勢湾に移り、鱶《ふか》でなく鮫になった。

鮫と鱶はどう違うのか。鮫の大きいのを鱶というらしい。ジョーズ[3]は鱶か。出雲の神話の白兎を渡したのが鱶。いや、鰐《わに》？　鰐鮫？　鮫というと、切り身がスーパーで安く売っているが、鱶というと高級中華料理の鱶ヒレスープが浮かぶ。同じには思えないが、辞書によると同じで、土地土地で呼び名があるらしい。

《兵庫船》に講釈を入れて《桑名船》を定着させたのは、立川談志《たてかわだんし》[4]だ。《鮫講釈《さめこうしゃく》》というタイトルでも演じられ、談志が得意にし、一門で演じる落語家も多い。本家の講談師、神田伯山《かんだはくざん》[5]が寄席で演じているのは、講談や浪曲の芸の真髄を愛した談志へのリスペクトだ。

桑名、熱田を走る船が海上で突然停まった。なんと鮫に見込まれたのだという。鮫が見込んだ人間を海に放り込まないと、鮫が船底を食い破って、船の客を皆殺しにするという。

旅に出て怖いのは、追剥だけじゃない。海の旅では、鮫に襲われることもあるのだ。

鮫が見込んだ男は旅の講釈師だった。

一龍斎貞山《いちりゅうさいていざん》の弟子で一龍斎貞扇《いちりゅうさいていせん》。

「ていせんだけに船が停まった」って、洒落が言いたいだけのネーミングか。いや、戦前活躍した六代目一龍斎貞山《いちりゅうさいていざん》(6)っていう人が人格者で、戦中に演芸の団体を一つにしなければいけない時に、講談落語協会の会長になった。その貞山にあやかっているんじゃないかと思う。

鮫に見込まれた講釈師だが、

「このごにおよんで命乞いはいたしません。私が死んで皆様が助かるなら、それが私の生きた意味、死に甲斐でもございましょう。ただ、私は講釈師で、大坂へ行って修業のやり直しをしようと思ったんですが、お前の芸はいらんと神様に言われたのでしょう。ただ死ぬ前に、好きでなった講釈師、一席語ってから死にたい」

講釈師っていうのは清廉だ。日頃からやっている聖人、豪傑の話がこういう場面でも活きて来る。

客も「それじゃ、一席聞かせていただこうか」と、船の客を前に語った講談。

「お許しをいただきまして一席読み上げて、お別れといたします」

言い方も実に生一本である。

この講釈師の講談を聞いて、果たして話はどうなるか。

船は桑名、熱田の港に着けば、旅人たちは船旅の無事を祝って酒盛りになった。船中では、やはり小便を我慢しながら、ちびちび飲まなきゃならなかったのだろう。無事を祝って飲むのもまた楽しみ。鮫に小便、船旅は案外たいへんだが、歩いて行くよりは、とりあえず楽な旅ではあるようだ。

（1）桑名…三重県の市。東海道の宿場町として栄えた。名物は、焼きはまぐり。

（2）熱田…愛知県名古屋市の地名。熱田神宮の門前町、港町として栄えた。

（3）ジョーズ…スティーヴン・スピルバーグ監督の映画（一九七五年）。鮫が出て来る恐怖映画の傑作。この作品から巨大鮫をジョーズと呼んだりもした。落語では、桂米丸の《ジョーズのキャー》がある。

（4）立川談志…昭和十一（一九三六）年～平成二十三（二〇一一）年。落語家。立川流家元として活動。「落語とは人間の業の肯定」「落語はイリュージョン」など独自の理論を掲げる。人気番組「笑点」（NTV系）の初代司会者を務めるなどメディアでも活躍、昭和四十六（一九七一）年からは参議院議員も一期務めた。著書「現代落語論」（三一新書）はのちの落語界に大きな影響を与えた。

（5）神田伯山…昭和五十八（一九八三）～。講談師。松之丞を名乗っていた二ツ目時代からおおいに活躍、人気を呼び、六代目伯山を襲名した。講談界を牽引する今後の活動に期待が持たれる。

（6）六代目一龍斎貞山…明治九（一八七六）年～昭和二十（一九四五）年。講談師。人格者として知られ、戦中に講談落語協会の会長となる。東京大空襲で死去。

《桑名船》

熱田、桑名の海上七里を行く船が鮫に魅入られた。誰か一人を生贄にしないと、全員が食われる。鮫に魅入られたのが講釈師だとわかる。講釈師は最後に一席、講釈を聞いてほしいと乗客に頼み、最後の一席を語りはじめる。立川談志が得意にしていた。立川流で演じる人も多い。

《兵庫船》

上方落語。《西の旅》の一部。内容は《桑名船》と同工だが、講談の場面はない。

《鮫講釈》

《桑名船》と同じ。

や

弥次・喜多

《持参金《じさんきん》》《二人旅《ににんたび》》

旅というと、松尾芭蕉《まつおばしょう》の「奥《おく》の細道《ほそみち》」など江戸の昔から紀行文学はたくさんあるが、一般庶民が旅を現実的な夢として捉えたのは、やはり江戸後期。その時代の道中記の傑作が「東海道中膝栗毛」だろう。弥次郎兵衛、喜多八の二人が伊勢参り、東海道を旅する話だ。

そもそもこの二人は何者で、なんで旅に出たのか。

弥次郎兵衛は「ただの親父」だって。喜多八は「駿河(1)江尻の尻喰観音の尻っぺたの生まれ」。生まれた時から尻が重なり、男色趣味。役者になるも尻癖の悪さで尻に帆掛けて江戸に逃げた。

この二人が江戸は神田でルームシェアをする。弥次郎兵衛も元は駿河の生まれで金持ちだったが、親の財産を使い果たして江戸に夜逃げ。金がないのに贅沢していたから、たちまち借金の山。喜多八は大店に奉公し出て行く。残された弥次郎兵衛は金もなく、毎日、おかずは納豆だけの生活。親切な人が弥次郎兵衛に嫁を世話してくれた。それから十年、嫁に働かせて、弥次郎兵衛はただただ嫁に気を使いながら生活していた。ある日、弥次郎兵衛は女房を離縁した。そして、持参金付きの女を女房にする。弥次郎兵衛は急に大金が必要だった。喜多八から金を貸して欲しいと頼まれたからだ。新しい女房はある隠居が孕ませて持参金付きで嫁に出した。しかし、女を孕ませたのは、実は喜多八だった。隠居は喜多八の代理人。喜多八が借金を頼んだのは、女の持参金が欲しかったからで、これ、落語《持参金《じさんきん》》の原話である。

女は出産で死に、喜多八は大店をクビ、江戸にいるのが嫌になった弥次郎兵衛と喜多八、ここは縁起直しに伊勢参りでも行こうかと旅に出た。家財を売り払って路銀とし、借金は当然踏み倒す。

川崎過ぎて馬に乗り、神奈川の茶店で鯵の塩焼きで酒を飲み、戸塚の宿屋では、鯛の蒲鉾に車海老というご馳走。とんでもない話だね。

でもまぁ、弥次郎兵衛・喜多八を題材に、楽しい旅の物語、というのが「東海道中膝栗毛」なんだろう。道中、言葉遊びをしたり、落語《二人旅《ににんたび》》みたいなやりとりもあって、落語は江戸の戯作の影響を受けていることがよくわかる。

弥次・喜多の代表的な話というと、小田原の五右衛門風呂(2)。五右衛門風呂の入り方がわからず、喜多八が下駄のまま風呂に入り、五右衛門釜の底を抜いてしまう。これはカマ(男色(3))が釜の底を抜いたという洒落。ちなみに喜多八は両刀使い(4)。道中でも、女郎買いら夜這いやら、女絡みでさんざん笑いをふりまく。

丸子宿のとろろ汁も有名。とろろ汁屋が広重の浮世絵にも描かれている。

弥次・喜多の話は、チャリの新内でも語られている。チャリとはお笑いネタのこと。新内というと、結ばれない男女が心中する話が多いが、弥次・喜多なんかも語られている。現在も残っている弥次・喜多の新内は三席。

《組討《くみうち》》(5)は神奈川で馬に乗った弥次・喜多、馬子たちが素人芝居で「熊谷の組討」をやったという話をしているのを聞き、自分たちは役者だから演技指導をしてやると言い、デタラメ狂言をはじめる。

《市子《いちこ》口寄《くちよ》せ》(6)は、富士川で川止め、三人のゴゼ(7)と一人の市子(8)と同宿になった弥次・喜多、当然夜這いを企てたり。川止めの退屈しのぎで、ゴゼが歌い、市子が弥次郎兵衛の母親や死んだ女房の霊を呼び出す。死んだ女房が弥次郎兵衛の旧悪を暴露する。《赤坂並木《あかさかなみき》》(9)は、場所は三河路。弥次郎兵衛が狐に化けて、臆病な喜多八を脅す。

「馬の糞を食らえ」
「子供の頃から、馬の糞は不調法」

馬の糞が調法な奴はいないよ。男色、SM(10)、スカトロ(11)までありな、江戸の戯作は深いね。

弥次・喜多の道中記は、護摩の灰も出て来れば、夜這いの話も出て来る。金玉を拭いた手ぬぐいでくるんだ飯を食べたり酷い目にも遭っているが、江戸っ子たちはエロスチックでおもしろおかしい旅に憧れていたのかもしれない。

(1) 駿河…静岡県の一部。
(2) 五右衛門風呂…鉄製の釜を風呂桶にした風呂。石川五右衛門の釜茹でが語源。
(3) 男色…男性同士で愛し合う愛の行為。ホモセクシャル。
(4) 両刀使い…男性、女性の両方を愛することの出来る人。

（5）組討…新内「東海道中膝栗毛」の一段。
（6）市子口寄せ…新内「東海道中膝栗毛」の一段。
（7）ゴゼ…女性の盲人芸能者で、三味線、胡弓などの楽器を用い、門付けで、コゼ歌と呼ばれる独特の音曲を奏でた。江戸時代に全国で活躍した。
（8）市子…死者と心を通わせ、その声を伝えることが出来る巫女。イタコ。
（9）赤坂並木…新内「東海道中膝栗毛」の一段。
（10）SM…サディズム（加虐性愛）とマゾヒズム（被虐性愛）の略。セックスの時にパートナーに暴力などの危害を加えたり、辱めを与えたり、あるいは危害を加えられたり辱められたりして性的興奮を得る行為。ドイツの精神医学者クラフト・エビングにより命名、定義された。
（11）スカトロ…糞尿を愛の媒介として用いる性的嗜好。

《持参金》

大店の番頭が醜女の女中を妊娠させてしまった。番頭は十両の持参金をつけて誰かに嫁にもらってもらおうと考える。番頭は十両貸している友達にすぐに返すように言う。友達に金のあてなどない。困っているところへ大家さんが来て、十両の持参金付で嫁をもらわないかと言ってくる。実際の金がないのに、金が動くという。ちょっとした経済落語。

《二人旅》

「ち」参照

ま 松尾芭蕉

《金明竹《きんめいちく》》

江戸幕府が開かれて、約百年。世の中が安定してくると、「文化」が生まれる。俗に元禄文化と呼ばれるのは、元禄の頃（一六八八〜一七〇四）に開花した、文学、演劇、絵画などを言う。主に上方の町人文化が中心となり、井原西鶴《いはらさいかく》(1)や近松門左衛門《ちかまつもんざえもん》(2)、竹本義太夫《たけもとぎだゆう》(3)、尾形光琳《おがたこうりん》(4)、菱川師宣《ひしかわもろのぶ》(5)なんていう人たちが活躍した。

落語のようなものもこの頃はじまった。大道や寺社に小屋掛けで、小噺や俄芝居《にわかしばい》を演じ、それらが本にまとめられたりもして、今に残っている。京で露《つゆ》の五郎兵衛《ごろべえ》(6)、大坂で米沢彦八《よねざわひこはち》(7)、江戸で鹿野武左衛門《しかのぶざえもん》(8)が登場した。上方の五郎兵衛と彦八は上方落語や上方喜劇の祖で、現代までも命脈を繋いでいる。一方、江戸の武左衛門の系譜は途絶えてしまう。江戸落語が生まれるのは、これから百年を待たないとならなかった。

元禄文化は基本、上方が中心となっていたようだ。しかし全国的な人気のものもあった。俳句である。

俳句の説明はとくにいらないだろうが、俳句を大成させた人物といえば、松尾芭蕉《まつおばしょう》だろう。出身は伊賀上野。ゆえに実は忍者で、「奥の細道」の旅に出たのは隠密だったからという説は、小説なら面白いが、そんなこともあるまい。京で俳句の修業をし、江戸に出て深川(9)に居を構えた。その間、全国に弟子を持ち、俳句を日本中に普及させている。

元禄二(一六八九)年、四十五歳で奥州に旅立つ。これが「奥の細道」の旅。まず深川から大川を舟で、千住まで行く。千住は奥州街道第一の宿場町。南千住の駅前には、これから旅立つ芭蕉の像が建っているが、芭蕉の出発は千住大橋から。

旅の目的は、西行《さいぎょう》(10)や能因《のういん》(11)という昔の旅をした歌人たちの足跡を巡ることで、平泉や山寺などに寄り俳句も詠んでいるが、ホントの目的は別にあった。北関東から仙台あたりまで、それから北陸路の俳句の門人たちを訪ねる旅。門人といっても、弟子という名のスポンサーで、大名の重臣や豪商たちが多かった。この時代、まず参勤交代で江戸に来ていた武士の間で俳句が流行し、上級武士も俳句を嗜む人が多くいた。彼らが領国に帰り俳句を広めた。そうやって全国に広まっていった。

芭蕉は地方のスポンサーのご機嫌うかがいと、さらに地方での門人の勧誘するのが本来の旅の目的。さきざきで宴会に出たり、句会を開催したりした。とても隠密なんてしている暇はない。

百姓家に泊まったりという厳しい旅なのは、東北の山を抜けている間だけで、宿場に辿り着けず、やむなく何日か百姓家の軒を借りただけで、あとはほぼ平穏な旅である。奥州街道を行く間は草臥れたら馬にも乗る。弥次・喜多じゃないから夜這いには行かないが、先々のスポンサーからはもてなしを受けてはいる。

「奥の細道」の旅は約半年、春三月に江戸を経ち、秋八月には大垣に着いている。その後、伊勢、京を巡り、翌年三月には江戸に戻っている。上方の弟子のところも一通りご機嫌うかがいにまわったのだろう。

松尾芭蕉が出て来る落語は、当人が出て来る落語はないが、俳句がモチーフになっている落語は《金明竹》《一目上がり《ひとめあ》》などがある。

「奥の細道」を題材にしたものは新作にいくつかあるが、残っているものはあまりない。俳句という題材は、《千早振る《ちはやふ》》のような珍解釈など作りやすいところもある。しかし、《千早振る》ほどバカバカしくならないと、気が利いているくらいではさして面白くはない。

また、俳句そのものが奥深いので、それを説明するとまどろっこしくなり、背景の話は深くはならない。俳句をモチーフにしたものでは《雑俳《ざっぱい》》のようなバカバカしいものが突き抜ける。「雪の日に一番目立つインド人」、そういう俳句が落語の名句となる。落語って難しいよね。

ちなみに芭蕉の弟子たちは講談に登場する。《［講談］赤穂義士伝《あこうぎしでん》》には芭蕉門下の宝《たから》井《い》其角《きかく》(12)が出て来る。赤穂浪士の一人、大高源吾《おおたかげんご》(13)（俳号は子葉）との交流が描かれ、服部嵐雪《はっとりらんせつ》(14)、杉山杉風《すぎやまさんぷう》(15)も脇役で登場、狂言まわしで漫才のような掛け合いを見せたりもしている。

（1）井原西鶴…寛永十九（一六四二）年〜元禄六（一六九三）年。江戸中期の戯作者。代表作「日本永代蔵」「好色一代男」など。元禄文化の中枢を担った。

（2）近松門左衛門…承応二（一六五三）年〜享保九（一七二四）年。浄瑠璃作家。坂田藤十郎、竹本義太夫らと組み、歌舞伎、浄瑠璃などの脚本を多く著わす。代表作、「曽根崎心中」「冥土の飛脚」「国姓爺合戦」など。

（3）竹本義太夫…慶安四（一六五一）年〜正徳四（一七一四）年。江戸中期の芸人、浄瑠璃語り。義太夫節の創始者。大坂・道頓堀に竹本座を開き、近松門左衛門らと組み、多くの人形浄瑠璃を上演。

（4）尾形光琳…万治元（一六五八）年〜享保元（一七一六）年。江戸中期の画家。明快で雅な画風が京の富裕層に好まれ、その後の絵画、工芸に影響を与えた。

(5) 菱川師宣…元和四(一六一八)年～元禄七(一六九四)年。江戸中期の画家。浮世絵を確立した。

(6) 露の五郎兵衛…寛永二十(一六四三)年～宝永二(一七〇五)年。江戸中期の芸人、僧侶。京の河原で、小噺や歌舞伎の物真似などを演じた。小噺を集めた「軽口露がはなし」などを著わす。

(7) 米沢彦八…生没不詳。江戸中期の芸人。大坂・生國魂神社の掛け小屋で、小噺や歌舞伎の物真似などを演じた。小噺を集めた「軽口露御前男」などを著わす。彦八の寸劇が、のちに俄となる。

(8) 鹿野武左衛門…慶安二(一六四九)年～元禄元(一六八八)年。江戸中期の芸人。現在の東京駅の近くに掛け小屋を作り、小噺を演じた。コレラが流行した時に起こった風評に連座させられて遠島となった(諸説ある)。武左衛門の命脈は絶え、江戸に落語のような芸能が登場するのに百年近くの時がかかる。

(9) 深川…東京江東区の地名。江戸初期の漁師町が、江戸の街の増殖にともない発展。富岡八幡宮などの門前町となり、盛り場としても栄えた。紀伊国屋文左衛門、松尾芭蕉、平賀源内、伊能忠敬らが居を構えた。明治になり深川区となった。

(10) 西行…元永元(一一一八)年～文治六(一一九〇)年。平安末から鎌倉時代の僧侶で歌人。俗名、佐藤義清という北面の侍だったが、出家して生涯を旅に生きた。

(11) 能因…永延二(九八八)年～永承五(一〇五〇)年。平安時代の僧侶、歌人。小倉百人一首の一人。

(12) 宝井其角…寛文元(一六六一)年～宝永四(一七〇七)年。江戸中期の俳諧師。松尾芭蕉十哲の一人。英一蝶、二代目市川団十郎、大高源吾らと交遊があった。茅場町に居があり、隣は荻生徂徠だった。「忠臣蔵」の物語に脇役として登場、つかこうへいの「つか版忠臣蔵」では討ち入りをプロデュースする。

（13）大高源吾…寛文十二（一六七二）年～元禄十六（一七〇三）年。江戸中期の武士。赤穂浪士の一人。俳諧を嗜み、子葉の俳号を持つ。交遊のあった茶人、山田宗徧から吉良邸の茶会の日時を聞き出す。また、討ち入りの前日、両国橋で宝井其角と会ったりもしている。
（14）服部嵐雪…承応三（一六五四）年～宝永四（一七〇七）年。江戸中期の俳諧師。松尾芭蕉の直弟子で、十哲の一人。
（15）杉山杉風…正保四（一六四七）年～享保十七（一七三二）年。江戸中期の俳諧師。松尾芭蕉の十哲の一人。

《金明竹》

道具屋の丁稚の与太郎（柳家では松公）が店番をしていると、加賀屋の使いを名乗る男が訪ねて来るが、上方言葉で早口で要領を得ない。道具七品の言い立てが聞かせどころ。寄席でおなじみのネタ。三遊亭圓丈は名古屋弁、立川談笑は津軽弁で演じている。

《一目上がり》

八五郎が隠居から掛け軸の褒め方を教わるが、なかなかうまくはゆかない。寄席などでも演じられている。

《千早振る》

在原業平の和歌「千早ふる神代もきかず竜田川からくれないに水くぐるとは」の意味を知りたいと言う八五郎に、長屋の先生が答える珍解釈。寄席などでもよく演じられている。

《雑俳》

俳句を嗜む隠居に、八五郎は自分も句会に出たことがあると言い、珍妙な俳句を披露する。寄席などでも演じられている。

《[講談] 赤穂義士伝》

「あ」参照

お江戸こぼればなし　伍

僧侶

僧侶の仕事のひとつに、布教活動と自身の仏道修行というのがある。何もお葬式と法事だけが僧侶の仕事ではない。

仏道修行は寺でも行うことが出来るが、旅に出るというのも修行のひとつ。托鉢をしながら、全国をまわり、一方で布教活動も行う。

いまでも仏教系の大学の一部では、夏休みに托鉢の実習があるそうだ。地方へ行くと、農村のおばちゃんたちは皆親切で、お茶などをふるまってくれるそうだが、高級な菓子はほとんど出て来ない。お茶受けに出て来るのは、自家製の漬物。はじめは素朴でおいしいが、どこの家に行っても漬物ばかりで閉口したという話を聞いたことがある。

落語《こんにゃく問答》には托鉢僧も登場する。《茄子娘》の女犯を犯した僧侶も修行が足りないと旅に出た。


僧侶というのは知識人でもあり、一般の人たちから相談を受けたりすることも多い。布教活動だけでなく、旅をして見聞を広めることも、僧侶にとっては重要な教養となったのだろう。

け 血脈を伝える長い旅

《お血脈《けちみゃく》》

仏教が日本に伝わったのは、六世紀の半ば、欽明《きんめい》天皇(1)の時代と言われている。インドで釈迦が起こした仏教は、中央アジアを経て中国、朝鮮を経由して、渡来人たちによって日本に伝えられた。長い長い旅をして、日本にやって来た。

ところが、時の権力者、物部守屋《もののべのもりや》(2)は仏教伝来を快く思わなかった。

「日本は神の国である。異国の仏教などは必要ない。仏像はすべて焼き捨てよ」

守屋の命令で、渡来した仏像は焼き払われた。中で一寸八部の白金の阿弥陀仏像があった。白金だから燃えない。叩いて潰そうと思ったが、潰れないんだ。やむなく守屋は、阿弥陀仏像を難波池(3)に沈めた。この仏像こそが仏陀の血脈を繋ぐ阿弥陀仏であった。

守屋と対立する蘇我馬子《そがのうまこ》(4)は仏教を政治利用しようとし、いち早く仏教に心酔していた聖徳太子《しょうとくたいし》(5)を味方にした。五八六年、蘇我と物部は、それぞれの覇権を賭けて、仏教の是非を争う戦さを行い、戦いは蘇我が勝利する。聖徳太子は戦勝を祝い、天王寺(6)を建立した。以後、日本では仏教が信仰されるようになった。

その頃まだ、血脈を繋ぐ阿弥陀仏は難波池の底にいた。

幾年が過ぎ、難波池の横を本田善光《ほんだよしみつ》(7)という人が通り掛かった。すると、池の中より光が放たれた。

「ヨチミチ、ヨチミチ」

と声がする。見ると、一寸八部の阿弥陀仏が手招きしている。

阿弥陀仏は一寸八部で舌も短いから、「善光」って言えない、「ヨチミチ」になる。

「余はチンチュウにまかり越したいぞ」

「余は信州(8)にまかり越したい」

なんで信州に行きたいんだ？

日本の中心であるから。ほぼ真ん中。同時に山の中だから、人が来るのが大変。つまり、権力の干渉を受け難い。たとえば、古代中国では権力者の都合で仏の意志が改ざんされたりした。日本でも同じく、仏教の是非で戦さも起こった。やがて、仏教が認められると、今度は、仏教を信仰することで、中国や朝鮮と手を結ぼうという政治家も出て来る。あるいは、仏教の教えを歪曲し、権力増大を図る者が出たりもする。僧形で天皇などの権力者に近付く詐欺師も出て来る。そんな政治とのかけ引きには一線を引き、信仰によって人々を幸福に導くのが阿弥陀仏の目的なのだ。だから、人に干渉されない、山の奥の信州に行きたいと、阿弥陀仏はおっしゃった。

本田善光は池をさらって阿弥陀仏を探すと、これを押し戴き、信州へ旅する。

飛鳥時代で街道なんてまったくない。信州の地は遠い。善光は一人、阿弥陀仏を背負うと、道なき道を旅した。って、一寸八部のものをわざわざ背負うことはない。「シャツのポケットに入れて」っていうギャグは五代目古今亭志《ここんていし》ん生《しょう》だ。案外、現代まで受け継がれている。

阿弥陀仏の加護もあり、信州に着いた善光は、長野の地に寺を建立した。これが信濃の善光寺。いわゆる無宗旨の、仏教全般を司る寺として、以後も日本中の人たちの信仰を集めた寺である。

阿弥陀仏の血脈の繋いだ長い旅の話は終わる。

落語《お血脈》の前半は阿弥陀仏の旅が描かれる。後半は、血脈を受け継ぐ印が作られ、この印を額に押すと極楽に行かれるという血脈の印をめぐり、地獄の使者たちが暗躍する。

仏教だけではなく、さまざまな文化が長い旅を経て、他国に伝わってゆく。

たとえば楽器なんかもそうで、琵琶(9)はメソポタミアで起こったものが、西に伝わりリュート(10)になり、東に伝わり琵琶になった。東はシルクロードから中国。中国琵琶が日本に伝わり、雅楽の楽琵琶になった。

中国の皇帝の妃が「象牙の箸でご飯が食べたい」と言ったから、インドと中国の間に道が出来た。そして世界に象牙の装飾品が伝わり、日本では三味線の撥《ばち》になった。伝わる道により、形を変えて伝わって来るものもあるのだ。

（1）欽明天皇…五三九〜五七一。第二十九代天皇。

(2)物部守屋…?〜五八七。飛鳥時代の豪族。仏教伝来に反対し、蘇我馬子らと戦い敗れて死す。
(3)難波池…奈良県明日香村にある池。
(4)蘇我馬子…五五一〜六二六。飛鳥時代の豪族。五十年以上権力の座にいた。
(5)聖徳太子…五七四〜六二二。飛鳥時代の政治家。推古天皇の摂政となり、憲法十七条、官位十二階などを設定、遣隋使を派遣したり、仏教布教にも務めた。昭和の時代は一万円札の肖像画として多くの日本人に愛された。雪丸という白い犬を飼っていた。
(6)天王寺…大阪にある寺。聖徳太子が建立。
(7)本田善光…飛鳥時代の地方豪族。上洛のおり、物部守屋により捨てられた阿弥陀仏像を拾い、故郷の信州に善光寺を建立した。
(8)信州…現在の長野県。
(9)琵琶…西アジアが起源で中国を経て、七〜八世紀に日本に伝えられた楽器。雅楽の楽琵琶の他、薩摩琵琶、筑前琵琶などがあり、明治以降も人気があった。武満徹・作曲「ノベンバーステップス」は鶴田錦史が琵琶を奏で、世界に日本の琵琶音楽を示した。
(10)リュート…中世ヨーロッパで用いられた弦楽器。

《お血脈》

仏教伝来から、信濃善光寺の由来、そして舞台は地獄へ移り、石川五右衛門が善光寺に血脈の印を盗みに行くという、ある意味壮大な地噺。

ふ

船

《九州《きゅうしゅう》吹《ふ》き戻《もど》し》

江戸時代の旅の基本は徒歩である。一方、物流はと言えば、船が用いられた。海運は江戸初期には確立されていた。航路には、東廻り、西廻りがあった。東廻りは日本海の酒田（現在の山形県）から津軽海峡を廻って江戸に物資を運ぶ。西廻りは酒田から佐渡、能登を経て、山陰沿岸から下関を抜けて瀬戸内海を通って大坂へ。さらに紀伊半島を廻って、遠州灘を越えて伊豆の下田から江戸へと行く海路である。ともに千石船というから、かなり大きな船。淀川を上り下りしている三十石船とはくらべものにならない。とは言え、海は荒れるから、危険も伴った。とくに北の海は荒れるので、時間は掛かっても西廻りが使われることが多かった。東廻りでは犬吠埼沖が難所で、那珂川（現在の茨城県）から川を上り利根川を経て江戸に行ったり、太平洋上を大きく迂回して伊豆下田に入ってのち、江戸に向かったりしたそうだ。

船の出て来る落語に《九州吹き戻し》がある。江戸時代に名人と言われた初代古今亭《ここんてい》志ん生《しんしょう》(1)が得意にしていたネタで、三遊亭圓朝《さんゆうていえんちょう》(2)が「とても志ん生のようには出来ない」と言ったそうで、長らくやる落語家がいなかったネタだ。

江戸の柳橋(3)にいた、きたり喜之助は、何事にも器用で如才のない男だった。三味線や踊りといった芸事にも長けていた。もともとは金持ちの息子だったが道楽で財産を使い果たし、あげてのすえの幇間《ほうかん》(4)になった。幇間になったがなかなか陽が当たらない。江戸にいても仕方がないと旅に出る。

このあたりが暢気な人物なんだろう。まだ多少は財産も残っていたんだろう、きままな道中で、伊勢に参って京大坂見物、せっかくここまで来たんだからと四国に渡って金比羅参詣、もう少し足を伸ばそうと、九州は肥後国、熊本までやって来た。

肥後の熊本、現在では「くまもん」なんかがいて親しみのある場所だが、昔はとにかく遠い場所だった。

《宮戸川《みやとがわ》》でお花が、

「私も親戚がいるけれど、ちょっと遠いの」

「どこです?」

「肥後の熊本」

ちょっとどころじゃない。もの凄く遠い所として言われているのが肥後の熊本なんだ。喜之助は熊本まで来たところで所持金がなくなった。しかし運命のめぐり合わせ、江戸屋という旅籠に泊まったら、主人は江戸で知った人。江戸屋で料理人として働くことになる。腹を据えて熊本で、料理人と幇間の二束の草鞋で三年働いて百両という金を貯めた。そうなると恋しいのが江戸の風。なんとか百両を資本に江戸での再起をと考えた。世話になった人たちに挨拶に行くと選別をくれて、これが二十両くらい集まったから、これを旅費にすれば百両残って江戸で食い物屋でもはじめられる。

暗いうちに発ったら道に迷い海に出た。そこに江戸へ行く千五百石船が停泊してあった。官船だから客は乗せないが、調子のいい喜之助はは「母親が病気」と嘘をついて船に乗る。

「山が動いておりますよ」

「山が動いてるんじゃねえ。船が走っているんじゃ」

「早いですね。もう五六丁は来ましたか」

「馬鹿を言うな。もう五六里は走っとる」

「煙草一服はたく間に五六里とは」

「これ、はたくと言いなさんな。はたくは船の忌み言葉じゃ」

板子一枚下は地獄の船には多くの忌み言葉もある。「はたく」は「失敗する」みたいな意味もあるから船頭には忌み言葉になる。

数日で江戸に着くはずが、船は嵐に遭う。嵐がやみ、命は助かった喜之助が外を見ると、桜島が火を吹いていた。喜之助は肥後よりもさらに遠くへ吹き戻されてしまった。

（1）初代古今亭志ん生…文化六（一八〇九）年～安政三（一八五六）年。幕末の落語家。人情噺を得

意とした。
（2）三遊亭圓朝…天保十（一八三九）年〜明治三十三（一九〇〇）年。幕末から明治に活躍した落語家。《牡丹燈籠》《塩原多助一代記》など怪談噺、人情噺を多く創作。落語中興の祖といわれる一方、口語体で書かれた速記本が文学における言文一致に大きな影響を与えた。谷中・全生庵に墓所がある。
（3）柳橋…東京中央区の地名。神田川に架かる橋で、その周辺の花柳界を呼んだ。
（4）幇間…座敷のとりもちをする男性の芸人。男芸者。宴席を仕切る幹事役から、場のとりもち、遊山などの供と、客と密接で重要な役割を担った。《鰻の幇間》《たいこ腹》《愛宕山》《つるつる》など落語には幇間を主人公にしたネタが多い。

《九州吹き戻し》

きたり喜之助は財産を食い潰し、江戸にいられなくなり旅に出て、肥後の熊本まで来る。三年一生懸命働き、百両貯めた喜之助は江戸が恋しくなり、戻ることにする。急ぐ喜之助は船に乗るが、嵐に逢ってしまう。しばらく演じられていなかったが、現在は五街道雲助ら何人かの演者はいる。

《宮戸川》

帰りが遅くなり家を閉め出されたお花と半七。叔父の勝手な思い込みで、二人はめでたく結ばれる「お花半七馴れ初め」。落語には珍しい、ほのぼの系ラブコメディ。寄席などでよく演じられている。

こ

護摩の灰

《小《こ》間《ま》物《もの》屋《や》政談《せいだん》》《慶安太平記《けいあんたいへいき》》

旅にはいろいろな災いが起こる。まだ治安が確立していない江戸時代、山賊、海賊の類もいた。

何度も登場しているが、護摩の灰なんていうのもいた。

護摩の灰とは、高野山の僧侶だと偽り、弘法大師の護摩の灰の贋物を売って歩いた詐欺師のことだが、旅をしながら悪事を働いていたところから、旅人の懐を狙う盗人をそう呼ぶようになった。

手口はいくつかあるが、旅籠で夜中に旅人の荷物から金品を盗む。部屋に鍵なんかなく、混んでいる時は相部屋なんていうこともあったが、荷物の中に財布を入れっぱなしにしている旅人などまずいない。胴巻きなどに金を入れて肌身離さず持っているから、

ここから金を奪うのは難しい。

あるいは、旅人に話し掛けて道連れになる。「この先は山賊が出るかもしれないから、何人かでまとまって行こう」などと声を掛けたりする。で、山道の山賊が出そうな場所に来たら、道連れが山賊に早変わりする。その場所で仲間が待っている場合もある。

《小間物屋政談》で箱根に湯治に来た若狭屋甚兵衛が護摩の灰に襲われて、所持金すべふて奪われた上に身包み剥がされる。人の少ない箱根の山道で、匕首をつきつけ、

「命が惜しければ身ぐるみ脱いで置いていけ。役人に届けられると困るから」

と襦袢だけで木に縛られる。病身の甚兵衛はその心労で死んでしまう。

こうなれば山賊と代わりがない。

弥次・喜多も護摩の灰に遭っている。箱根山で知り合った一人旅の男、十吉としばらく同道するが、三島宿で喜多八が旅籠の女中に夜這いをしようとして大騒ぎになったところで、十吉は弥次郎兵衛の財布を盗んで逃げる。言葉巧みに道連れになり、隙を狙っていたわけだ。

元は講談ネタで、立川談志《たてかわだんし》が浪曲の初代木村松太郎《きむらまつたろう》(1)から習って演じていた《慶安太平記》にも護摩の灰が出て来る。《慶安太平記》は由井正雪《ゆいしょうせつ》(2)の乱を描いた長編。中でも面白い場面が、破戒僧の善達が活躍する場面だ。善達は武術の達人で、酒は浴びるほど飲む、料理も五人前ぺろりと食らう。「水滸伝」(3)の魯智深《ろちしん》(4)みたいなキャラクターだ。

善達は増上寺の僧侶で、京の知恩院へ三百両を届ける使者に発つ。増上寺を出て赤羽根橋あたりで、善達の懐に目をつけた男がいた。

「あっしは芝新橋の飛脚だ。どうだ、坊さん一緒に行かないか」

これは護摩の灰だと思った善達は飛脚だという男をふりきり急ぎ足。

「まもなく善達が川崎から鶴見で生麦、子安から神奈川から青木ヶ台、保土ヶ谷、戸塚で早、藤沢、って随分、早い」

浪曲には道中付けと言って、旅の場面で地名や名物を読み込む節がある。相手は飛脚、逃げても追いつかれる。箱根山山中で襲って来るかと思えばさにあらず。

「お前の懐の三百両なんてえのはどうでもいい」

「どうでもいい？」

「俺の狙いは三千両」

というわけで善達、護摩の灰の仲間入り、宇都谷峠で紀州家の飛脚を襲って、御用金三千両を盗む。のちに善達、還俗して吉田初右衛門《よしだはつえもん》(5)となって、由井正雪一味に加わる。被害者だと思ったら、いつの間にか加害者。浪曲、講談だって、聖人君子ばかりが出て来るわけじゃない。

旅に出ると油断が起こる。そこにつけ込む悪い奴はいつの時代にもいるものだ。

（1）初代木村松太郎…明治三十一（一八九八）年〜昭和六十（一九八五）年。浪曲師。関東節を得意とした。晩年、関西の広沢瓢右衛門との二人会でブレイク、寄席などにも出演し人気を呼んだ。

（2）由井正雪…慶長十（一六〇五）年〜慶安四（一六五一）年。江戸初期の兵法家。張良と諸葛孔明

にあやかり、兵法道場の張孔堂を開き、同士を集め反乱を企てる。事件は発覚、駿府で自害する。

（3）水滸伝…中国四大奇書の一つ。北宋の時代、山東の梁山泊に百八人の豪傑が集まり、不正官吏などと戦うという話。

（4）魯智深…「水滸伝」の登場人物。仇名は「花和尚（刺青のある和尚）」。豪快無敵の破戒僧。

（5）吉田初右衛門…江戸初期の武士、僧侶。増上寺の僧、善達が還俗。由井正雪の仲間に加わるも、大坂で捕らわれる。

《小間物屋政談》

「の」参照

《慶安太平記》

講談、浪曲のネタ。由井正雪の反乱事件を描く。立川談志が浪曲の木村松太郎に習って演じていた。

え

江戸名物

《松山鏡《まつやまかがみ》》《勘定板《かんじょういた》》

田舎の人が江戸見物に来ることもある。人の多さに驚く。何せ江戸後期の江戸の街は、人口は世界一の百万人が住んでいた。最初は江戸城のまわりに大名屋敷、旗本屋敷が建ち、その隙間に武士たちの用事をする町人が住んだ。神田、新橋、四谷くらいが江戸の街だったのがどんどん増殖。町が広がっていった。

人だけでなく、物もあふれ、田舎ではない商売の店があったりする。

《松山鏡》は鏡のない村が舞台のほのぼの系なお話。そのマクラで、鏡のない村の連中が江戸見物に来た話が綴られている。

浅草観音に参詣しようと蔵前通りを参りますと、一軒の大きな鏡屋さんがあった。

「おい、なんだこの店は。おかしな商売があるねのだな。かかみみせ…？　かか。見せ？　カカアを見せるだかな」

鏡屋さんの看板を見て驚いている田舎の人たち。
店の鏡を見ると、通りを行く女性が写っているから。

「えらい店がある！」

大騒ぎになる。
翌年から江戸見物の行程に、蔵前通りの「カカア見せ」が加わる。
だが江戸の街は変化も早い。翌年行ったら、鏡屋は引っ越したあとで、そこには楽器屋があった。

「あー、駄目だ。来年また来よう」

「今年はカカア見せてくれないのかね」

「ああ。琴三味線（今年は見せん）って書いてある」

知らないと、とんだ恥をかく、というか、大惨事になりかねないこともある。


今度は便所のない村の話《勘定板》。

そんな村があるのか。あるんだ。村はずれが海で。浜に杭が打ってあり、紐で板が結んである。「その板の上にまたがって沖の白帆をながめながら、うんこらしょ。あとは波がさらってくれる」。つまり、板の上に排泄すると、波が排泄物をさらってくれるわけだ。この村では排泄をすることを「勘定をする」と言い、板のことを「勘定板」と呼んでいた。

江戸見物に来た一行、旅籠に泊まる。やれ、一安心したところで、排泄をもよおした男がいた。


「お呼びでございますかな」

「勘定ぶたしてもらうか」

「お発ちでございますか」

「今朝、江戸についたところだ。十日ばかり江戸見物するから、お前のところに世話になる」

「でしたら、お勘定はお発ちの時で結構でございます」

さぁ、困ったぞ。十日も排泄させてもらえない。

「おらたちは日に一度は勘定ぶつだ。すぐに勘定板さ持って来い」

律儀に毎日清算してくれるのはありがたいが、勘定板ってなんだ？　考えたすえ、算盤ではないかと、持って行く。

「勘定板をお持ちしました」

「これ勘定板か？　細長いけど、こぼれやしまいか？」

間違いとは怖い。旅に出れば、習慣や言葉の違いで右往左往することもあった。

《松山鏡》

鏡のない国での珍騒動。民話的な噺で演じる落語家も多い。浪曲の国本武春の弾き語りや、朗読で演じる俳優もいる。

《勘定板》

便所のない村の一行が江戸見物の旅に出た。ウンコを巡る勘違いを笑うネタ。短い噺だが、この噺をどう演じるかで、落語家のセンスが問われる。六代目三遊亭圓生、立川談志が演じていた。

て

鉄道

《鉄《てつ》の男《おとこ》》《鉄道戦国絵巻《てつどうせんごくえまき》》《出札口《しゅっさつぐち》》《馬《うま》のす》《胴乱《どうらん》の幸助《こうすけ》》

鉄道が敷設されたのは、明治五（一八七二）年、新橋、横浜。鉄道唱歌で「汽笛一声新橋を」と歌われた新橋駅は、今の新橋駅よりやや海側、今は鉄道歴史展示室になっている。

以来日本の鉄道は全国に広がる。明治二十二（一八八九）年には東海道本線、明治二十七（一八九四）年には山陽本線が広島まで延びた。明治四十（一九〇七）年には帝国鉄道庁が全国の鉄道を管理、いわゆる国鉄となった。

前に落語家の旅のことも書いたが、鉄道の普及で、落語家や浪曲師など旅がしやすくなった。東西交流が行われるようになったのも、明治の後半から大正時代で、上方のネタを改作して東京で演じられたり、出囃子が東京の寄席で使われるようになったのもこの頃である。東西交流だけでなく、人気者が全国を巡演したりもするようになった。

鉄道の出て来る落語は、新作に多い。

柳家小《やなぎやこ》ゑん(1)《鉄の男》は鉄道マニアの男の異常な日常を楽しく描いた傑作だ。古今亭駒治《ここんていこまじ》(2)は鉄道マニアとしても知られていて、出囃子も「鉄道唱歌」。《鉄道戦国絵巻》《10時《じ》打《う》ち》《マナー車掌《しゃしょう》》など、多くの鉄道ネタを寄席でも口演している。マニアックでありながらもリアルゆえに、共感の笑いも多く生む。鉄道は好きか嫌いかなんて関係ない。誰でも乗るものであるから、その世界に入りやすいのだ。

新作でも古くは、三代目三遊亭圓歌《さんゆうていえんか》(3)《駅員時代《えきいんじだい》》は戦時中、学徒動員で新大久保駅に配属されたという実体験落語。桂米丸《かつらよねまる》《電車風景《でんしゃふうけい》》、三遊亭圓右《さんゆうていえんう》《恋《こい》の駅前《えきまえ》》などは一般的な車内の風景が描かれた。八〇年代になると三遊亭圓丈《さんゆうていえんじょう》(4)《悲《かな》しみは埼玉《さいたま》に向《む》けて》は東武伊勢崎線(現・スカイツリー線)、夢月亭清麿《むげつていきよまろ》(5)《東急駅長会議《とうきゅうえきちょうかいぎ》》は東急、といった特定の路線を描いたものが見られた。

鉄道での旅を描いた作品では、立川志《たてかわし》の輔《すけ》(6)《みどりの窓口《まどぐち》》、桂米丸《旅行鞄《りょこうかばん》》(作・大野《おおの》桂《かつら》)などもあった。

三代目三遊亭《さんゆうてい》右女助《うめすけ》[7]《出札口》は、まだスイカも自動販売機もない時代、駅の窓口で切符を買っていた時代の話。東京駅の出札口に切符を買いに来た人が、行き先の駅名を忘れてしまった。「言われれば思い出す」という客に、親切な駅員は「新橋、品川、川崎、横浜……」と駅名を並べていくが、神戸まで行っても思い出せない。寄席はここまで、時間があると鹿児島までやったというから、凄い。

古典に鉄道の出て来るネタ。古典といっても、明治時代から昭和のはじめに完成された作品が多い。とくに江戸時代でなくてもいい作品には、たまに鉄道が出て来る。

《馬のす》の「電車混むね」という科白は、大正の中頃、東京市電の利用者が百万人を超え、朝夕のラッシュには乗客があふれていた頃のことと思われる。ホントに電車が混んでいた。あとは《代《かわ》り目《め》》で酔っ払いが、「あっ、角帯が落ちてる！　なんだ電車の線路か」というのも、路面電車が走りはじめて線路が珍しかった時代の色を見せている。

上方落語《胴乱《どうらん》の幸助《こうすけ》》は、幸助が義太夫「桂川連理柵《かつらがわれんのしがらみ》」[8]を実際に起こった事件と勘違いし、騒動を仲裁しようと大坂から京へ行く。昔の人だから、京へは淀川の三十石船で行くのだが、大坂、京都の間にはもう鉄道が出来ていた、というのが落ちになる。昔は淀川の三十石船で行くのが早かったから、そっちが落ちになっていたそうだ。

鉄道は早くて楽だから、旅の概念も大きく変えたのだろう。

（1）柳家小ゑん…昭和二十八（一九五三）年～。落語家。五代目柳家小さん門下。柳家の古典落語を継承する一方、実験落語、応用落語に参加、パソコンや鉄道、天文、秋葉原など理系おたく系の新作を得意とする。代表作《ぐつぐつ》《主婦の恩返し》《鉄の男》など。

（2）古今亭駒治…昭和五十三（一九七八）年～。落語家。古今亭志ん駒門下。鉄道マニアを活かした新作落語で活躍。

（3）三代目三遊亭圓歌…昭和七（一九三二）年～平成二十九（二〇一七）年。落語家。新作落語《授業中》で一世風靡。晩年は《中沢家の人々》で寄席の爆笑王と呼ばれる。

（4）三遊亭圓丈…昭和十九（一九四四）年～。新作派の落語家。六代目三遊亭圓生門下。「実験落語」などを主宰し、新作落語のムーブメントを起こす。新作を作り続け今なお戦い続けている新作落語の戦士。代表作《グリコ少年》《悲しみは埼玉に向けて》《インドの落日》など。

（5）夢月亭清麿…昭和二十五（一九五〇）年～。新作派の落語家。五代目柳家つばめ、五代目柳家小さん門下。三遊亭圓丈の「実験落語」に参加。知性派の落語で、大人が楽しむことが出来るコアなこだわりのある落語を多く創作。代表作《バスドライバー》《優しさだけが怖かった》など。

（6）立川志の輔…昭和二十九（一九五四）年～。落語家。立川談志門下。メディアなどでも活動。パルコでの一ヶ月公演を長く続け、独自の新作落語でも注目を集める。代表作《歓喜の歌》は映画化（監督・松岡錠司）もされた。他、《ディアファミリー》《コロコロ》《はんどたおる》など。

（7）三代目三遊亭右女助…大正十四（一九二五）年～平成十九（二〇〇七）年。落語家。代表作《出札口》。

（8）桂川連理柵…浄瑠璃の演目。またの題は「帯屋」「おはんちょ（お半長右衛門）」。長右衛門は義母との確執を抱え、隣家の娘お半と関係を結んでしまうという物語。

《鉄の男》

鉄道マニアの男たちの苦悩と悲哀を笑いで綴る新作落語。柳家小ゑん・作、口演。

《鉄道戦国絵巻》

東横線が東急から離脱しＪＲに寝返った。東急の反撃がはじまる鉄道バトル。古今亭駒治・作、口演。

《10時打ち》

みどりの窓口で十時ジャストに端末操作し指定券を確実に取る伝説の駅員の話。古今亭駒治・作、口演。

《マナー車掌》

いちいち客のマナー違反をアナウンスで注意する車掌を描く、短い一席。古今亭駒治・作、口演。

《駅員時代》

太平洋戦時化、学徒動員で新大久保駅に配属された自身の体験を語る。三代目三遊亭圓歌・作、口演。

《電車風景》

電車での笑えるエピソードを綴る。桂米丸・口演。

《恋の駅前》

駅前で恋人と待ち合わせをしている男がデートを妄想して爆発。三遊亭圓右・作、口演。

《悲しみは埼玉に向けて》

悲しみの街、北千住で、東武日光線（現・スカイツリー線）の準急に乗る男。ふと、見ると、隣に泣いている娘がいる。昭和五十五（一九八〇）年の三遊亭圓丈の作、口演。

《東急駅長会議》

十月九日東急の日、東急線各駅の駅長が集まり議論を戦わせる。吉河悟史・作《こだま号の逆襲》の前半を、夢月亭清麿がアクティブに口演。

《みどりの窓口》

みどりの窓口に来る得体の知れない客たちに翻弄される駅員を描く。立川志の輔・作、口演。

《旅行鞄》

「に」参照

《**出札口**》

東京駅の窓口に、自分の行き先の駅名がわからないという客が来た。親切な駅員は、東海道線の駅名を順に並べてゆく。三代目三遊亭右女助・作、口演。

《**馬のす**》

馬の尻尾をぬいたら、どうなるのか？　八代目桂文楽の十八番だった。短いネタながら、枝豆を食べる仕草など見せ場が多い落語。

《**代り目**》

酔って帰ってもう一杯飲みたい亭主と、早く寝かせたい女房、夫婦のごくごく普通のやりとりをユニークに描く。酔っ払い亭主としっかりもののようでお茶目な女房の心温まるやりとりが聞きどころ。五代目古今亭志ん生が得意にした。現在でも、寄席でよく演じられている。

《**胴乱の幸助**》

上方落語。割り木屋の主人、幸助の趣味は喧嘩の仲裁。たまたま通り掛かって聞いてしまった義太夫「桂川連理柵」を実際に起こっている話と思い込み、京へと出向く。

お江戸こぼればなし　陸

渡世人

演劇や映画には「股旅もの」というジャンルがある。弱きを助け強きをくじく侠客が全国を旅する話。大衆演劇ではおなじみだ。

映画も昔はこのテーマが多かった。清水次郎長、国定忠治、旅して正義のために戦う侠客は多かった。同時に彼らは捕吏や敵から追われる身でもある。そこにまた、いろんな悲哀の物語が生まれる。その悲哀の部分をドラマチックに描いた作家が長谷川伸だ。

「瞼の母」は母を訪ねて旅するやくざの忠太郎、「一本刀土俵入り」は相撲くずれのやくざの茂兵衛が世話になった女性に恩返しする。凶状旅の途中の宿場で、恋人が遊女になっているのに出会う「暗闇の丑松」、講談「天保六花撰」の登場人物のエピソードを極上の悲哀の物語に描いている。

追われる旅だ。そんなカッコいいもんじゃない。だけど心に清々しさのある悲劇はたまらなくカッコいいのだ。

村上元三や池波正太郎も長谷川伸の影響を受けている。情景をくっきり見せる時代小説は、演劇の影響が大きい。

時代劇や時代小説が歴史に傾き、「股旅もの」が忘れられつつあるのは寂しい限りだ。

あ

東下り

《[講談]赤穂義士伝《あこうぎしでん》》

江戸時代は天皇が京に住んでいたから。日本の中心は関西で、京・大坂へ行くのを「上る」、反対に関東へ行くことを「下る」と言った。

田舎の人は江戸見物に行ったが、京、大坂の人が東に旅するのは伊勢まで。神社仏閣は関西のほうが充実しているから、わざわざ江戸見物に行くことはない。大坂は天下の台所で物資も集まるから、わざわざ江戸に買い物に行く必要もない。武士の参勤交代、その他の用事で武士が関東に行くことはあったが、一般客で、物見遊山を目的に、関東に下る人はあまりいなかった。

「東下り」の旅では、古くは「伊勢物語《いせものがたり》」(1)、在原業平《ありわらのなりひら》(2)が藤原高子《ふじわらのたかいこ》(3)に失恋して、都にいられない(別にいられないわけじゃないけれど)ってんで、関東に旅する。で、隅田川で都鳥⑷見たり。都鳥見てなにか楽しいのかはわからないけれど、その後の文学や演劇にいろいろ影響は与えた。

一般にいい男を「業平」という。同時代のプレイボーイなら光源氏《ひかるげんじ》⑸のほうが有名みたいだが、落語や江戸の戯作では「業平」ね。これ、業平が東下りをしたから、江戸っ子には業平のほうが馴染みが深かったのだろう。

上方の庶民が関東に行くことは少なかったので、「東下り」の落語はないが、講談では「東下り」がテーマになっているものが多くある。代表的なものに《赤穂義士銘々伝《あこうぎしめいめいでん》》がある。

《赤穂義士伝》は俗に「忠臣蔵《ちゅうしんぐら》」と呼ばれる。元禄十五（一七〇三）年、赤穂の浪人四十七人が、旗本吉良義央《きらよしひさ》⑹の屋敷を襲撃殺害した事件。前年、赤穂藩主の浅野長矩《あさのながのり》⑺が義央に刃傷し討ちもらし切腹となった。長矩の恨みを晴らすための襲撃事件で、四十七人は義士、忠臣として賞賛された。

赤穂から多くの武士が義央の屋敷がある江戸へ秘密裏に旅した。そこで「東下り」の物語がドラマチックに描かれた。

「大石東下り《おおいしあずまくだ》」は頭領の大石内蔵助《おおいしくらのすけ》⑻の東下り。秘密裏に行うため、近衛関白⑼の臣、垣見左内（あるいは立花左近）と名を偽っての旅となる。関白の臣であるから、道中、関所で荷物を改められることもない。荷物の中身は天野屋利兵衛《あまのやりへえ》(10)が命懸けで集めた、夜討ちの武器十三品(11)。ところが道中、ホンモノの垣見佐内と出会ってしまう。左内は自分の贋物に怒り、内蔵助の宿屋にやって来る。果たしてどうなる。《赤穂義士伝》の中でもクライマックスの一つ、大石内蔵助と垣見左内の対決が迫真の一席となる。

「神崎東下り《かんざきあずまくだ》」、微禄の家臣の一人、神崎与五郎《かんざきよごろう》(12)も単身東へ下る。箱根山で、馬喰いの丑五郎という馬喰(13)に因縁をつけられる。「馬に乗ってくれ」と言われた神崎が「馬は嫌い」と断わったので丑五郎が怒った。

武士だから無礼な下郎は斬っても罪には問われない。だが一応役人の調べは受けるから、元赤穂藩士が江戸に下ったことが知れると困る。そこで与五郎は丑五郎に詫び証文を書く。

仇討ちという大儀のためには、武士のプライドなんていう個人の感情は殺して耐える。そんな武士の姿が感動的に描かれる。

芝居だと、嵩にかかった丑五郎の股の下を与五郎がくぐる。中国の故事、韓信《かんしん》(14)の股くぐりだ。劉邦《りゅうほう》(15)の臣、韓信が若き日、無法者に因縁をつけられた時、「恥は一時、志は一生」と言われるままに股をくぐる。侘び証文では演劇的には面白くない。土下座に足蹴り、さらには股くぐり、ビジュアル的な屈辱を与えたほうが演劇的には面白い。喜劇だと丑五郎役を女の子がやって、仁王立ち(16)になって「股をくぐれ」と言うと、与五郎役の役者が大喜びするというお約束がある。

志もっての旅は、さまざまなドラマを生むのである。

（1）伊勢物語…平安時代の物語。作者は不詳。在原業平を主人公にした男女の物語。
（2）在原業平…天長二（八二五）年～元慶四（八八〇）年。平城天皇の皇子で歌人。六歌仙の一人で、「伊勢物語」の主人公。たいそうな美男子で、のちの世では「いい男のことを業平」といった。
（3）藤原高子…承和九（八四二）年～延喜十（九一〇）年。平安時代の女性。またの名を二条后。太政大臣、藤原長良の娘で、清和天皇の女御、陽成天皇の母。「伊勢物語」では在原業平と恋愛関係にあったとされるが、史実であるとも言われている。
（4）都鳥…ユリカモメのこと。古代～中世に「都鳥」と呼ばれ、文学などに描かれた。
（5）光源氏…「源氏物語」の登場人物。桐壺帝の皇子。降下し、葵の上（妻）、藤壺更衣、空蝉、六条御息所、夕顔、朝顔、若紫、末摘花、明石の君らと関係を結ぶ。
（6）吉良義央…寛永十八（一六四一）年～元禄十五（一七〇二）年。江戸中期の武士。高家。元禄十四（一七〇一）年浅野内匠頭に斬り付けられるという刃傷事件の被害者。翌年、旧浅野家臣の襲撃を受け殺害される。「忠臣蔵」という物語では悪役だが、領地の三河吉良郡では治水や新田開発に力を注ぎ、赤馬に乗って領内を視察したところから赤馬の殿様と呼ばれ領民に親しまれていた。

(7) 浅野長矩…寛文七（一六六七）年～元禄十四（一七〇一）年。播州赤穂藩藩主。元禄十四（一七〇一）年、勅旨饗応役の任務中、高家の吉良義央に斬りつける刃傷事件を起こし、切腹させられる。浅野家は断絶となり、忠臣蔵事件の原因となる。刃傷の理由には諸説ある。

(8) 大石内蔵助…万治二（一六五九）年～元禄十六（一七〇三）。江戸中期の武士。播州赤穂藩の家老。元禄十五（一七〇三）年、旧赤穂藩士をまとめて、主君浅野内匠頭の仇、吉良義央を襲撃し殺害した。事件を「忠臣蔵」というのは、「忠臣の内蔵助」からつけられた。

(9) 近衛関白…藤原忠通の子、近衛基実を祖とする公家の家。戦国時代から江戸時代に朝廷で権力をふるった。江戸後期は薩摩と結び、明治には近衛篤麿が公爵となった。篤麿の息子が戦前の内閣総理大臣、文麿である。

(10) 天野屋利兵衛…寛文元（一六六一）年～享保十八（一七三三）年。江戸中期の商人。赤穂事件で、大石内蔵助に協力した。

(11) 夜討の道具十三品…継ぎ梯子、小田宮流の投げ龕燈、手松明、鎖帷子など、潜入や夜間の戦闘のための道具。大石内蔵助が天野屋利兵衛に調達を依頼した。

(12) 神崎与五郎…寛文六（一六六六）年～元禄十六（一七〇三）年。江戸中期の武士。赤穂藩士。赤穂浪士に加わる。浄瑠璃や歌舞伎の「仮名手本忠臣蔵」では千崎弥五郎として登場。講談「神崎東下り」、歌舞伎「弥作の鎌腹」などの主人公。

(13) 馬喰…家畜の売買、仲介をする商人。

(14) 韓信…紀元前二三一年？～紀元前一九六年。漢の武将。劉邦を支持し戦い、漢の建国に尽力した。

(15) 劉邦…紀元前二五六年～紀元前一九五年。漢の高祖。項羽を討ち、漢を建国した。

（16）仁王立ち…腰に手を当て堂々と立つ様。

《［講談］赤穂義士伝》

講談のネタ。元禄十五（一七〇二）年、元赤穂藩士四十七名が吉良義央の屋敷を襲撃し殺害した赤穂事件を描く。「赤穂事件」を綴る本伝、四十七名の義士たちのエピソードを綴る銘々伝、関係者のエピソードを綴る外伝からなる。「冬は義士で飯を食い」と言われるほど人気の演目で、「赤穂義士伝」が持ちネタにない講釈師はいない。

さ

参勤交代

《盃《さかずき》の殿様《とのさま》》

江戸時代、大名は参勤交代、一年ごとに領地と江戸を行ったり来たりした。

江戸に来て何をするのか。別に用はない。武士はだいたい用はないんだ。老中、若年寄、奉行なんていう幕府の役職は数名、大多数の大名は江戸に来てもとくにやることはない。もし万が一、どこかの大名が謀反を起こした時に江戸城を守る、予備役(1)の軍として江戸に詰めていた。

大名の参勤交代の旅は大名行列、それなりの兵員による行列であり、これも一種の軍事訓練でもあった。

《盃の殿様》という噺を紹介しよう。大名は結構忙しい。昼間は用がなくても江戸城に出仕、帰宅後も国表からの政治的な書類に目を通し、また予備役軍の司令官でもあるから武術の訓練もしなければならない。自由時間なんてない。江戸の生活が長くなると、一種の欝病になる。茶坊主に花魁(2)の錦絵を見せられ、是非、ホンモノが見たいと言い出したので、吉原に出掛けることとなったが、これが大変。

槍、鉄砲、薙刀で武装した三百六十人の家来を従え……、冗談ではない。吉原に行くのも行列を仕立てて行くのだ。大門まで来ると、三十人の近習を連れ、残りの三百三十人は大門に控える。

お茶屋(3)には事前にお殿様が来ることは伝えてある。江戸の留守居役(4)は他藩の留守居役との打ち合わせ、情報交換にたびたび吉原を使っているから、早い話、家来たちはおなじみの上客なのだ。だから、一言言えば、店のほうは万事心得ている。

出てきた花魁が花扇という絶世の美女。

「かの花扇をこれに招き、盃の相手をさせたい」

「卑しき傾城売女なれば、その儀はあいなりません」

と家老は言ったが、酒の相手くらいならと、花扇を呼び、酒の相手をさせる。殿様馬鹿なご機嫌で。これから毎夜、お殿様の吉原通い。大名が女郎屋で値切るわけにもいかず、さらには行列で行くから、毎回数百両掛かる。

ご家老が我慢していたのは、参勤交代で、殿様が領国に帰る日が近かったからで。別れ際に花扇から、打掛(5)と、百亀百鶴(6)の蒔絵が描かれた七合入りの盃をもらう。もらうたって、それも料金に加算されて、何百両か余分に支払う。

領国に帰ってからも、殿様は花扇が忘れられない。


「花扇がおらぬのは寂しゅうていかん。余の家来に足速の者はおらぬか」

「早見東作という者、いたって足速、三百里を十日で走りまする」


早速呼ばれた早見東作に与えられた任務は、

「この盃を花扇のもとへ届け、相伴するよう、その方、使いに参れ」

盃の使者という、わけのわからないことを命じられたが、家来は従わねばならない。吉原へ走って行って、花扇に盃を渡す。

「まことに冥利にあまることでございます」

花扇が盃に酒を並々注いで飲み干すと、

「この盃を殿はんへ」

「ははっ」

と東作が盃かついで、

「えっさっさー」

暢気な噺があるものだ。

（1）予備役…軍籍を持ちながら、一般社会で生活する人。定期的に訓練に参加し、有事の際は兵士として戦う。
（2）花魁…吉原遊廓の遊女。
（3）お茶屋…花街や廓で芸妓を呼び飲食する店。
（4）留守居役…大名の家臣で江戸藩邸に居て、将軍家や各大名家との連絡に当たる役職。
（5）打掛…女性の着物のひとつ。
（6）百亀百鶴…たくさんの鶴、亀が描かれた絵画。

《盃の殿様》

殿様が吉原に通い、花魁・花扇となじみになった。参勤交代で国に帰る殿様に、花扇は百亀百鶴の描かれた盃を贈る。殿様は国で花扇を思い酒を飲み、是非、盃のやり取りがしたいと、家来で俊足の早見東作に盃を担いで江戸に走らせる。六代目三遊亭圓生が演じていた。

き 京見物

《祇園祭《ぎおんまつり》》《愛宕山《あたごやま》》

江戸っ子が「一生に一度は伊勢参り」などと言って、伊勢に行ってもすぐには帰らない。ここまで来たんだからと、京、大坂を見物する。とくに京は神社仏閣も多いから、見物してまわれば楽しい。昔から観光都市でもあったのだ。

江戸っ子が京に来たのがちょうど六月、それじゃ、祇園祭[1]を見物しようって噺が《祇園祭》。

「そこの江戸の兄さん、一杯やりましょう」

料理屋の二階で土地の者に声を掛けられ、やったりとったり。

「伏見の酒は日本一です。京は水が違います。江戸ではこんないい酒は飲めまへんやろう」

まずは軽く酒自慢。確かにうまい酒だが、江戸にうまい酒がないわけではない。

「あんさん、京の街は見物しやったか。さよか。ええ所でっしゃろう。静かで。なにせ天子様がいはるくらいや。日本一の土地柄や」

土地自慢は聞いていて面白いものではない。

「京は静かなところですがね、そこへいくと、パーッと江戸は賑やかだ。賑やかなところが取り得だ」

こんな具合で、江戸っ子と京の者との街自慢、そして、祭り自慢が繰り広げられる。街自慢で笑いどころも多く、京の祇園祭と江戸は神田祭(2)の囃子比べなど聞かせるところも多く、寄席などでも演じられている。

もともとは前後にも噺があり、《三人旅《さんにんたび》》のエピローグとして、前段で金を使い過ぎて、二人は先に帰し、金策のため一人残った男は親戚の家に厄介になり、六月になったので祇園祭に出掛ける。後段は欲張りの芸妓が登場する。

京、大坂に住んでいれば、滅多に寺巡りはしないが、京には観光名所はあまたある。《愛宕山》は京郊外の愛宕山に出掛ける噺。上方は、京の旦那と大坂の幇間、江戸落語は、江戸の旦那と江戸の幇間が主人公。物語はほぼ同じ。上方から東京に移行した噺だが、舞台は京の愛宕山。江戸は盆地の京とは違い日帰りで行かれる山がない。

旦那が芸妓を大勢、幇間は一八と、京の幇間、繁三の二人を連れて、京の愛宕山へ、今で言うピクニックに出掛ける。暢気に端唄《はうた》(3)なんぞ歌いながら上る一八、すぐに息切れ。繁三に背中を押してもらい。ようやく旦那に追いつく。案外、本格的な山だ。

愛宕山は、丹波(4)の側にある標高九百二十四メートル、山頂の愛宕神社は本能寺の変(5)の前に明智光秀《あけちみつひで》(6)が参詣したことでも知られている。

さて、噺のクライマックスは、山頂のかわら投げ(7)を楽しむ旦那だが、かわらなんか投げてもつまらないと小判を投げた。小判がかわらのように飛ぶわけもなく、全部谷へ落ちる。「拾ったものにやる」と言う旦那の言葉に、一八は茶店の傘を手に谷底へ飛ぶ。


「おーい怪我はないかーっ」

「ありませんよーっ」

「金はあるかーっ」

「あった！　あった、あった。大将ーっ、ありましたよーっ」

「全部やるぞーっ」

「ありがとうございますーっ」

「どうやって上がるーっ」

「……！」


降りたはいいが、上がる方法はない。

「欲張りーっ。狼に食われて死んじまえーっ」

昔は狼も出た。街の近くに自然がいっぱいあるのも、京の特徴である。

（1）祇園祭…京都・八坂神社の祭礼。七月一ヶ月間、さまざまな神事が繰り広げられる。
（2）神田祭…東京・神田明神の祭礼。山王、三社と並ぶ江戸三大祭りの一つ。
（3）端唄…江戸中期～幕末に流行した三味線小曲。ごく自然で平板明快なのが特長。
（4）丹波…京都の地名。旧国名。西側の山間部。
（5）本能寺の変…天正十（一五八二）年、京・本能寺に宿泊の織田信長を家臣の明智光秀が襲撃、殺害した事件。
（6）明智光秀…享禄元（一五二八）年～天正十（一五八二）年。戦国時代の武将。織田信長の宿将として活躍するも、本能寺の変で信長を討ち天下を狙う。山崎の戦いで、羽柴秀吉に敗れ、逃げる途中で殺される。浄瑠璃「絵本太功記」などに描かれる。
（7）かわら投げ…素焼きの土器を投げる遊び。京都・愛宕山、比叡山、四国の屋島などで行われている。

《祇園祭》

江戸から京に来た旅人が祇園祭を見物に行く。料理屋で隣席になった地元の人と、江戸と京の祭り自慢がはじまる。神田祭りの囃子の真似など、聞かせどころたっぷり。短い時間でも演じられるので、寄席でも演じられている。

《愛宕山》

　京へ遊山に行った旦那、江戸から連れて来た幇間の一八、京の幇間、繁三に、芸者衆を引き連れ、愛宕山に登る。旦那が谷底に投げた大金を巡り一八が大活躍。もとは上方ネタ。東京では、八代目桂文楽の十八番だった。故・古今亭志ん朝を経て、現代にも受け継がれている。

ゆ

雪の道中

《双蝶々《ふたつちょうちょう》雪《ゆき》の子《こ》別《わか》れ》《鰍沢《かじかざわ》》

誰も好き好んで雪の日に旅なんかしたくはない。

でも、雪が降ろうが、何が降ろうが、旅立たなきゃならない時もある。

《双蝶々》はまたの題を《雪の子別れ》。盗賊となった長吉が捕吏の手を逃がれ、零落した両親を残して、ふたたび江戸を売る。

両親と別れ旅立つ長吉の背中にちらちらと雪が舞いはじめる。これからの長吉の苦難の道中、いや、近いうちに死ぬであろう両親の苦難を暗示するのが「雪」である。芝居だと、ちらちら舞う雪が、悲劇を美しくも見せる。

そう、雪は美しいんだ。白くて。舞い落ちているぶんにはいい。薄っすら積もっているくらいは美しい。そして、雪は「別れ」の演出効果にもなる。歌舞伎では、旅立ちの雪が美しく見せる場面が多くある。「佐倉義民伝《さくらぎみんでん》」(1)の惣五郎の子別れ、「三千歳《みちとせ》」(2)の雪の入谷の偲び合いは、捕吏に追われる直侍(3)と三千歳の別れ、そこにも雪が降っている。

旅をしていたら、たまたま雪が降ってきた、なんていうこともある。雪はたまたまなんか降りはしない。北国や山国の冬は当たり前に雪が降る。

東京に住んでいると、雪になじみはない。だから、たまに雪が降ると、電車は止まるし、すべって転んだりする。

降って、冷たい雪が体に沁みて、はじめて雪を実感する。そして、もし旅の途中で雪に降られたら。命の危険を感じることもある。

落語《鰍沢》は身延に参詣の帰り道の新助が、鰍沢のあたりで雪に合う。鰍沢は富士川沿の町で、昔は材木などの輸送で栄えた。今は身延線鰍沢口駅がある。

栄えたと言っても、川のほとりの小さな町で、あとは山に囲まれた土地。町に着く前に雪に降られた新助、もちろん、雪おろしの三度笠、引廻合羽を着て、足ごしらえも厳重にしているが、江戸の者だ。雪には慣れていない。

「困ったなぁ、酷い降りになって来やがった。どっかで道を間違えたのか」

雪が降ると景色も変わる。そろそろ町に着いてもいい頃なのに。雪はたちまちに積もって、あたりは銀世界。道を間違えたかもしれないし、雪に足をとられて遅れているだけかもしれない。しかし、

「日は暮れかかって来た。このままでは野宿をしなくちゃならないが、凍死しちまうよ。困ったぞ。南無妙法蓮華経……」

身延参詣だから日蓮宗の信者だ。お題目を唱えるしかない。

しばらく行くと遠くに灯りが見えた。

「助かった」

あばら家に一夜の宿を頼む。

九死に一生と思ったが、女主人のお熊が悪い女で、新助の懐の金を狙って、毒入りの玉子酒(4)を飲ませる。

旅には危険がつきものだ。天候というのはもちろんある。冬の旅は現代では楽しいが、それでも寒い。ましてや、電車も自動車のない昔、雪に降られたら命懸けだ。もちろん、やむにやまれぬ旅なんだろうが、無理をせずに旅をすることが肝心だろう。

(1) 佐倉義民伝…江戸初期に下総で農民のために直訴して処刑された佐倉惣五郎を描く物語。歌舞伎、新内、講談、浪曲などで語られている。
(2) 三千歳…講談「天保六花撰」の登場人物。吉原大口屋の遊女。歌舞伎で、恋人の直侍との別れの場面で演奏される清元の曲も「三千歳」。
(3) 直侍…講談「天保六花撰」の登場人物。御家人、片岡直次郎。講談ではただの小悪党。歌舞伎では色男で、恋人・三千歳との別れの場面が見せ場。実在の人物で、千住・小塚原で処刑され、回向院に墓所がある。
(4) 玉子酒…酒に卵と砂糖を入れて作る飲み物。

《双蝶々雪の子別れ》

「と」参照

《鰍沢》

身延参りの新助は雪の中、道に迷った。ようやくたどり着いた一軒のあばら家。そこには妖艶な女が一人。女は元吉原の遊女で、心中をしそこない、その相手と山中のあばら家で隠れ暮らしていた。新助の懐の金を奪おうと考えた女は、新助にしびれ薬入りの玉子酒を飲ませる。三遊亭圓朝が「熊の膏薬売り」「玉子酒」「小室山の毒消し」の題で作った三題噺。

め

名勝古跡

《[浪曲]清水次郎長伝》《ねずみ》《鼓ケ滝《つづみがだき》》

二代目広沢虎造《ひろさわとらぞう》の浪曲《清水次郎伝》の有名な外題付け、「旅行けば駿河の道に茶の香り、名代なるかな東海道、名勝古跡の多いところ」

東海道に多いと言われる名勝古跡ってなんだ？　名勝は素晴らしい景色の場所、景勝地の中でも芸術的価値のあるところをいう。古跡は歴史的な建造物など。虎造のつづきは、「中で知られる羽衣の松と並んでその名を残す、海道一の親分は、清水港の次郎長」となる。

羽衣の松とは、三保の松原だ。五万四千本の浜に生い茂る松林と、その先に駿河湾をはさんで見える富士山、伊豆半島の絶景。平安時代から人々に親しまれて、多くの歌人が和歌を詠んだ。

また、この絶景に魅せられたのは人間だけではない。天女が松に衣を掛けて水浴をしたという伝説もある。

名勝古跡の出て来る落語はあるのか。左甚五郎《ひだりじんごろう》の《ねずみ》は晩年の甚五郎が奥州を旅するが、旅立ちの時に、

「俺はまだ奥州に行ったことがない。松島も見物したいし、塩釜様にも参りたい、瑞巌寺、山寺、そういうところも見たいんだ」

と言っている。

松島は今は日本三景の一つ。松島湾の島々で、絶景を故の歌人が和歌に詠んでいる。松尾芭蕉はあまりの絶景に俳句を作るのを忘れ、後日「松島や、あー松島や、松島や」と詠んだ。そんな馬鹿な話はあるまい。その松島にある寺が瑞巌寺で、こちらは古跡になる。山形の山寺（立石寺）、平泉の中尊寺など、東北にも名勝古跡が多い。

遊山旅の人たちは、そうした名勝古跡を訪ねる人も多かったのだろう。

故《いにしえ》の歌人が名勝を訪ねる噺も落語にある。《鼓ヶ滝》は西行《さいぎょう》法師の旅の噺。西行は平安時代から鎌倉時代の僧侶で歌人。「新古今和歌集」に九十四首の和歌が収録されている。元は禁裏北面武士で佐藤義清《さとうのりきよ》、和歌の道を極めるために出家したのではない。出家の理由は失恋で、そのへんのことは落語《西行》に詳しい。

《鼓ヶ滝》の西行、もともと和歌の道に秀でていたため驕りもあった。関西圏で人に知られた名勝、鼓ヶ滝（現在の兵庫県川西市）に来る。見事な滝と、川岸に咲くたんぽぽを見て西行は、「伝え聞く鼓ヶ滝に来てみれば沢辺に咲きしたんぽぽの花」と詠む。我ながらいい歌が出来たと思っている。

その夜泊まった民家。老夫婦と娘がいる。田舎者に聞かせてもわからんだろうと思うが、自尊心もあって和歌を聞かせてやると、

「なるほど結構な和歌を詠まれました。が、ちょっと手直しをいたせば、もっといい和歌になります」

と爺さんが言う。なんだ、生意気な爺だと思うが、やれるもんならやってみろと、

「ご老人は歌心がおありのようだ。果て、どのように手直しされるか」

と聞くに、

「ここは鼓ヶ滝、伝え聞くより、音に聞く、とされてはいかがか」

なるほど、そのほうがいい歌になる。つづいて、婆と娘も手直しをしたいと言い、「音に聞く鼓ヶ滝を打ち見れば岸辺に咲きしたんぽぽの花」という名首となった。

老夫婦と娘は、西行の驕りを戒めた和歌三神《わかさんじん》(1)であった。

名勝鼓ヶ滝は今はもうなく、駅名だけに名を残している。

(1) 和歌三神…和歌の守護神と言われる三神。住吉明神、玉津島明神、天満天神と言われている。

《［浪曲］清水次郎長伝》

講談、浪曲のネタ。幕末の侠客、清水次郎長を描く。もともと明治時代に、実際に荒神山の出入りにも参加したという講釈師、松廼家太琉が演じていた。三代目神田伯山が太琉のネタを元に独自に次郎長の関係者を取材しまとめあげた。伯山の「次郎長伝」は八丁荒しと呼ばれて人気を博した。昭和になり、二代目広沢虎造の浪曲がラジオ、レコードで全国的人気となり、次郎長の名が知られた。

《ねずみ》

晩年の左甚五郎が奥州へ旅する。仙台で子供の客引きに誘われて泊まった旅籠、主人はかつて仙台一の旅籠の主人だった。後妻と奉公人の裏切りに遭い店を追われたのだ。甚五郎はねずみの彫刻を彫り、主人に贈る。甚五郎の彫ったねずみは盥の中でチョロチョロと動き出す。大勢の客が詰め掛け繁盛する。面白くない主人を追い出した連中は、甚五郎のライバル飯田丹下に虎を彫らせるに、ねずみが動かなくなってしまう。入船亭扇橋がしみじみとした口調で晩年の甚五郎を語った。

《鼓ヶ滝》

西行法師が鼓ヶ滝で詠んだ和歌を巡る物語。落語、講談などで演じる人が多い。

《西行》

西行法師の出家の理由は失恋にあったという、大胆な歴史解釈に基づく落語。二代目、三代目三遊亭圓歌が面白おかしく物語を綴った。

み

水戸黄門

《雁風呂《がんぶろ》》

旅する有名人に水戸黄門がいる。徳川御三家水戸家の殿様で、天下の副将軍の徳川光圀《とくがわみつくに》(1)が、助さん、格さんを供に連れて諸国を漫遊し、世直しをするという講談の物語。いや、ホントは漫遊なんてしてないんだよ。諸国漫遊はまったくの嘘話。旅と言えば、江戸と水戸を往復するだけ。もっとも遠くでは鎌倉まで行っている。では何故、漫遊のエピソードが作られたのか。幕末、水戸藩は尊王派で、当時の「正義」のイメージがあった。水戸の尊王思想(2)の原点が光圀であったこと。「大日本史《だいにほんし》」(3)の編纂で、家臣を全国に行かせていたことで、実際に自身が行ったような話が編み出されていった。全国に派遣した家臣のうち、佐々宗淳《さっさむねきよ》(4)が助さん(佐々木助三郎)、安積覚兵衛《あさかかくべえ》(5)が格さん(渥美格之進)のモデルで、ともに実在の人物である。

黄門というのは光圀の官職、中納言[6]のことで、都の黄門を守備する役職であったことから「黄門様」と呼ばれた。講談では、話が二つあり、光圀の評伝と漫遊記。漫遊記は滑稽ものになる。しなかった漫遊をして、田舎爺と思わせて、実は黄門様だったというところが笑いどころにもなっている。

映画では昔、月形龍之介《つきがたりゅうのすけ》[7]が演じた。悪役スターの月形が、お正月映画では黄門様になって悪を懲らすのが面白かったのだろう。テレビではTBS系列で放送（昭和四十四（一九六九）年〜平成二十三（二〇一一）年）され高視聴率だった。黄門役は、東野英治郎《とうのえいじろう》[8]、西村晃《にしむらこう》[9]、佐野浅夫《さのあさお》[10]、石坂浩二《いしざかこうじ》[11]、里見浩太朗《さとみこうたろう》[12]が演じた。中でも里見浩太朗は、月形で格さん、東野、西村で助さん、そして黄門と、水戸黄門の主役すべてを演じている。

落語にも水戸黄門が出て来るものがある。《雁風呂》である。六代目三遊亭圓生《さんゆうていえんしょう》[13]で聞いたことがある。

黄門一行が東海道を上って来る掛川[14]宿で、茶店に寄る。そこの屛風には、松と雁の絵が描かれていた。土佐派の将監光信《しょうげんみつのぶ》[15]の画だとはわかったが、松なら普通、鶴を描くもの。雁とははていかなる理由があるのだろうと光圀が思っている。ところへ上方の旅人が二人入って来る。

「松に雁という絵はない、将監も技量に甘んじて絵空事を描いたとけなす人があるが、そういう人に見られたら将監が気の毒やで」

「大きな声を出しないな」

二人は屏風の松に雁の由来を知っているようなので、光圀が座敷に呼んで問うに、

「渡り鳥の雁は松の小枝を咥えて飛び、疲れると小枝を海に浮かべて休む。海岸に枝を残し、次の春にはまた枝を咥えて飛んでゆくのだが、海岸に枝が残っているのは日本で死んだ雁のもので、土地の人は供養にと、その枝で風呂を焚いた」

と説明する。

この男は二代目淀屋辰五郎《よどやたつごろう》(16)。初代は一代で財産を築き、大坂でも多くの慈善事業

を行った。大坂の貧民窟の救済を行い、今もある淀屋橋を最初に架けたのも淀屋辰五郎である。だが、このことが柳沢吉保《やなぎさわよしやす》(17)の怒りに触れた。

「町人の分際で、身にあまる行為は奢りである」

柳沢の一声で淀屋は財産没収となった。二代目は潰される前に柳沢に三千両貸していた、せめてそれだけでも返して欲しいと訴えようと番頭と二人、江戸へ向かう途中だった。光圀は正体を明かし、淀屋のために、柳沢の貸し金を返済するようにとの手紙を書き、淀屋の再起を助ける。講談にも同じ話はあるが、落語にはちゃんと落ちがある。

（1）徳川光圀…寛永五（一六二八）年～元禄十三（一七〇一）年。江戸中期の大名。水戸藩主。「大日本史」を編纂、尊王の水戸学の礎を築いた。「水戸黄門」として漫遊の話が作られ、講談、映画、テレビドラマでおなじみ。
（2）尊王思想…儒教の理念。仁徳による王の統治を正義とし、王を敬う考え。
（3）大日本史…日本の歴史書。徳川光國が編纂をはじめ、水戸藩の事業として引き継がれた。
（4）佐々宗淳…寛永十七（一六四〇）年～元禄十一（一六九八）年。江戸中期の武士。水戸藩士、儒学者。「大日本史」の編纂に加わる。「水戸黄門」の助さんのモデル。

（5）安積覚兵衛…明暦二（一六五六）年〜元文二（一七三八）年。水戸藩士、儒学者。「大日本史」の編纂に加わる。「水戸黄門」の格さんのモデル。
（6）中納言…朝廷の官位。
（7）月形龍之介…明治三十五（一九〇二）年〜昭和四十五（一九七〇）年。映画俳優。戦前、戦後の時代劇スターとして活躍、主に敵役を演じた。「水戸黄門漫遊記」十四本には黄門役で主演した。
（8）東野英治郎…明治四十（一九〇七）年〜平成六（一九九四）年。俳優。俳優座に所属し舞台で活躍する一方、黒澤明、小津安二郎の映画に出演。テレビドラマ「水戸黄門」で黄門役を演じた。
（9）西村晃…大正十二（一九二三）年〜平成九（一九九七）年。俳優。日活映画などで敵役、脇役として活躍。テレビドラマにも多数出演、「水戸黄門」で黄門役を演じた。
（10）佐野浅夫…大正十四（一九二五）年〜。俳優。劇団民芸を経て、テレビドラマで活躍。ホームドラマのお父さん役で茶の間の人気を得る。「水戸黄門」で黄門役を演じた。
（11）石坂浩二…昭和十六（一九四一）年〜。俳優。映画、テレビドラマ、バラエティ、ナレーションなど幅広く活動。主な出演、映画「金田一耕助シリーズ」、テレビドラマ「ありがとう」「元禄太平記」「やすらぎの郷」、ナレーション「ウルトラQ」「シルクロード」など。
（12）里見浩太朗…昭和十一（一九三六）年〜。俳優。時代劇スタートして、映画、テレビで活躍。代表作「水戸黄門」「長七郎江戸日記」「大江戸捜査網」など。
（13）六代目三遊亭圓生…明治三十三（一九〇〇）年〜昭和五十四（一九七九）年。昭和の名人と言われた落語家。ネタ数の多さ、緻密な人物描写など卓越した技の魅力は他の追従を許さない名人芸だった。昭和五十三（一九七八）年大量真打問題を機に落語協会を脱会し三遊協会を設立するも、翌年死去。

(14) 掛川…静岡県の市。東海道の要所で、城下町、宿場町として栄えた。

(15) 将監光信…永享六(一四三四)年〜大永五(一五二五)年。戦国時代の絵師。土佐派中興の祖と言われる。

(16) 淀屋辰五郎…江戸時代の商人。淀屋の初代は、永禄三(一五六〇)年〜元和八(一六二二)年。豊臣秀吉の伏見城築城に協力、大坂の陣では徳川軍の兵站の一部を担った。大坂に米市を作り、大坂が「天下の台所」と言われる基礎を築いた。辰五郎を名乗るのは四代目、寛永十一(一六三四)年〜元禄十(一六九七)年。贅沢な生活を咎められ、現在の資産で約百兆円を没収される。《雁風呂》に登場するのは五代目、貞享元(一六八四)年〜享保二(一七一八)年。

(17) 柳沢吉保…万治元(一六五九)年〜正徳四(一七一四)年。江戸中期の政治家。五代将軍綱吉に実直に仕え、低い身分から出世して側用人、大老となった。後年悪評を得たが、実は政治手腕に優れていたという。

《雁風呂》

水戸光圀が掛川宿で、「松に雁」の絵を見て不思議に思っていると、その謎を教えてくれた上方の旅人がいた。財産を没収され、江戸へ向かう途中の二代目淀屋辰五郎だった。光圀は辰五郎を助ける。六代目三遊亭圓生が演じていた。

し 地獄への旅
《地獄八景亡者戯《じごくばっけいもうじゃのたわむれ》》

上方落語は《東《ひがし》の旅《たび》》にはじまり、あちこち旅の話は数あるが、やはり究極はあの世、地獄への旅だ。

「死んだらどうなるか?」には誰でも興味がある。ある金持ちの若旦那、伊勢も四国も行ったし、道楽も遊山もやり尽くして、あとやってないことは何かないか、そうだ、まだ死んでない。あの世はどんなところじゃわい。

「そや、ひとつ皆で、地獄見物に行こうやないか」

「それはおもろい、若旦那、是非、参りましょう」

「参りましょう」って、いいのか。地獄だぞ。死ぬんだぞ。でも、若旦那が行きたいって言うんだ。付いていけば祝儀もたんまりもらえるし、なんかいろいろ楽しいことがありそうだ。って、ないよ。ない。多分、ないと思う。

でも一人で死んで。そう、普通に死ぬ時はたいてい一人だ。一人であの世に旅立つのは寂しい。皆でワーッと行ったら愉快だろう。

《地獄八景亡者戯》、幇間の一八がコーディネートして、若旦那に芸妓か大勢で、皆で河豚に当たった一団、地獄の入り口へとやって来た。その道中の賑やかなこと。上方落語はここで鳴物が入る。なんでも派手で賑やか。

ガイド役、コーディネーター役は幇間の一八だが、いや、一八だって、何も地獄に詳しいわけではない。第一行ったこともない。一八もはじめてのことだ。もっとも地獄に行ったことのある奴なんていないよ。一事が万事、調子がいいのが一八だ。行ったことがなくたって、

「万事私にお任せください」

「よし、お前に任せたよ」

それで若旦那は随分、金をかすり取られている。金だけじゃない。いろいろ物がなくなるのも一八の仕業で、盗人連れて歩いていた。閻魔(1)の裁きの前に自白して、若旦那の許しを得れば罪は逃れられると全部白状。金をかすり取られたって物を盗まれたって、呆れるだけで屁とも思わないのが若旦那。「お前じゃしょうがない」。信用ならないのも信用だ。

他の亡者は死に装束なのに、こやつらだけは違う。男は全員黒紋付で、河豚に当たって死んだから、河豚の紋が五つ付いている。女は河豚の紋付にネブカ(2)の裾模様……。もうわけがわからない。

さて、三途の川(3)に来ると、聞いていたのと様子が違う。亡者の着物を剥ぎ取る三途の川の婆がいない。そこには話があって、婆の器量がいいのに目をつけて閻魔が妾にして、その婆が男前の鬼と間男して追い出されて、とうとう、のたれ生き……。

三途の川の渡し賃、これは死に方によって異なる。うっかり三途の川に落ちたら最後……生き返る、と脅される。

向こう岸には広い道がある。これがあの世のメインストリートの冥土筋、もちろん御ばかり。

堂筋(4)の洒落。芝居小屋や寄席が立ち並んでいるが、出演者は全員、昔の名優、名人ばかり。

念仏町へ行って念仏札を買うと、閻魔の裁きの免罪符になる。これが「地獄の沙汰も金次第」。浄土宗じゃない人も、それぞれの宗旨で免罪符を売っている。

このあとも閻魔の裁き、地獄の責めと続くが、全部笑い飛ばしてしまう。罪咎で地獄に堕ちるんじゃない。針の山やら血の池や、全部観光名所、遊山旅だから面白い。

地獄ですら笑い飛ばすのが落語である。

（1）閻魔…地獄において、八万の獄卒を束ねる王。死んだ人間の善悪を審判する任にある。
（2）ネブカ…葱。
（3）三途の川…この世とあの世の間に流れている川。
（4）御堂筋…大阪の地名。大阪市の中心を通る街路で、国道二十五号の一部。時々、こぬか雨が降っていたりする。

《地獄八景亡者戯》

上方落語の大ネタのひとつ。上方落語には旅の噺というのがあり、《東の旅》は伊勢参り、《西の旅》は金比羅参り、《北の旅》は池田、阪急の終点で北は案外近い。《南の旅》は紀州路から熊野。他に、異国の旅、海底の旅、月の旅、そして、究極が地獄の旅。行ったら帰って来られない旅、これが究極だろう。

遊びに飽きた若旦那が、芸妓、幇間引き連れて、皆で河豚に当たって、地獄にやって来た。

お江戸こぼればなし　漆

武士

江戸時代、旅を職業としていた代表は、武士であろう。

大名には参勤交替がある。一年置きに領地と江戸を往復した。大名行列は一種の軍事パレードで、弓や鉄砲で武装しているから、並大抵ではない。

藩の一大事に領国まで走ることもある。「赤穂義士伝」の松乃廊下の刃傷事件のあと、使者が早駕籠で走っている。普通二人で担ぐ駕籠を、六〜八人の人足が綱を引き、担ぎ手の負担を軽減し、全力で走る。事件の一報を知らせた早水藤左衛門と萱野三平は江戸から赤穂まで五百二十キロを三日で駆けた。駆けたのは駕籠屋で乗っているだけ、いやいや、駕籠屋は交替するが、使者は不眠不休で揺れ続けて走ったのだ。

旗本でも、江戸に屋敷があって、別に領地がある。領地の経営（徴税や治安）は代官を派遣しているが、時々は側近が領地を見回りに行く。武士は旅することも多い。

また何か間違いがあると、たとえば父親を殺されれば仇討ちの旅に出なくてはならない。これがすぐに見付かればいいが、相手も必死で逃げているから、なかなか見付からない。生涯旅を続ける、などということにもなりかねない。武士も何かと大変である。

英国《え(ゑ)いこく》への旅

《［浪曲］英国密航》

七十年代の後半に、八十代のお爺ちゃん浪曲師がブレイクした。広沢瓢右衛門《ひろさわひょうゑもん》(1)という、このお爺ちゃん浪曲師の語りが滅茶苦茶面白かった。上方のケレン(2)浪曲、馬鹿馬鹿しい話を笑い沢山に語る瓢右衛門、こんなおもろい芸人が埋もれていたと多くの人が驚いた。

中で凄いのが《［浪曲］英国密航》。時は幕末、長州藩の若者五人、井上聞多《いのうえもんた》（のちの馨《かおる》(3)）、遠藤謹助《えんどうきんすけ》(4)、山尾庸三《やまおようぞう》(5)、野村弥吉《のむらやきち》（のちの井上勝《いのうえまさる》(6)）、伊藤俊輔《いとうしゅんすけ》（のちの博文《ひろぶみ》(7)）が国禁を犯して英国に密航するという、物語も面白いがそこに、

「おぬし、イギリスを存知おるか」

「その虫篭の中に」

「なんだ？」

「キリギリス」

なんていう、あきれ返るギャグも随所。

面白過ぎるから落語にしてやった人もいたが、この話の醍醐味は節でないと伝わらない。故・国本武春《くにもとたけはる》(8)がやっていたから、聞いたことのある人もいるだろうが、武春バージョンは瓢右衛門とは若干異なる。

さて、聞多らは渡航資金を、江戸藩邸の金庫番、村田蔵六《むらたぞうろく》から脅し取ろうとするが、何も言う前に蔵六は五人の前に五千両出した。この村田蔵六こそが、

「東京ならば九段坂(9)、大阪ならば造幣局(10)のその前に、大きく立った碑《いしぶみ》は、おのれの勲《いさお》を語らねど、仰ぎ見る人一様に、ああこの人じゃこの人じゃとうなだれる、世界六十二ヶ国を相手にとって脅かした日本陸軍生みの親、あれぞ大村益次郎《おおむらますじろう》(11)」

この節は武春はやらなかった。お爺ちゃんがやるからアナクロでおかしい。
そして五人は、英国マヂソン社日本支社長のガールの手引きで、イギリス行きのキロセッキ号に乗り込む。時に、文久三（一八六三）年如月半ば。
ここからが浪曲の一番の聞かせどころ、早節っていう独特の節による、横浜から英国までの道中付け。シンガポール、インドを経て、

「コロンボ過ぎればなにし負う、頃もスエズの運河さえ、出来ぬ昔のことなればスエズ運河まだ出来てない。で、喜望峰まわって、大西洋を上って。

「沖もいつしか横浜を出てわずか六ヶ月、テムズ河畔に着くという」

凄い苦心の旅が軽快な節で綴られ、日本の夜明けのために英国へ旅立つ若者たちを祝福する。

大変な思いをして英国に行った五人だが、翌年、英仏米蘭が攘夷の報復として下関を

砲撃した。英国との国力の差をその目で見た聞多と俊輔は急ぎ帰国し事態を収拾、長州と英仏米蘭の講和を成立させた。以後、聞多と俊輔は維新の原動力となった。のちに聞多は大蔵大臣、俊輔は初代内閣総理大臣となる。

遠藤、山尾、野村は慶応二（一八六六）年～明治元（一八六八）年に帰国、それぞれ官僚として明治政府の礎を築いた。遠藤は造幣局に勤務、山尾は法制局初代長官、野村、のちの井上勝は鉄道敷設に尽力し「鉄道の父」と呼ばれた。

（1）広沢瓢右衛門…明治三十（一八九七）年～平成二（一九九〇）年。浪曲師。晩年にケレン浪曲でブレイク。「ナウい浪曲師」として、テレビドラマやCFにも出演した。若い頃から、浪曲台本や浪曲研究も手掛けていた。代表作「英国密航」「雪月花三人娘」など。

（2）ケレン…歌舞伎では、見た目の奇抜さを狙った演出をいう。宙乗りや早変わりなど、三代目市川猿之助がケレン作品で人気を博した。総じて、大仰なこと、見る人を騙す趣向。浪曲ではお笑いネタをいう。

（3）井上馨…天保六（一八三六）年～大正四（一九一五）年。明治時代の政治家。元長州藩士。伊藤博文らと密航して英国に留学、下関戦争で帰国し、収拾に当たり、以後、維新の原動力となる。明治政府では、外交、財務に手腕を発揮する。

（4）遠藤謹助…天保七（一八三六）年～明治二十六（一八九三）年。明治時代の官僚。元長州藩士。井上馨らと密航して英国に留学。帰国後、造幣局に勤務。

（5）山尾庸三…天保八（一八三七）年～大正六（一九一七）年。明治時代の官僚。元長州藩士。井上馨らと密航して英国に留学。帰国後、横須賀製鉄所の担当官から工学畑の重職を歴任、最後は法制局長官となった。

（6）井上勝…天保十四（一八四三）年～明治四十三（一九一〇）年。明治時代の官僚。元長州藩士。井上馨らと密航して英国に留学。元の名は野村弥吉、帰国後、井上勝に改名、大蔵省に勤務。その後、鉄道敷設に尽力した。

（7）伊藤博文…天保十二（一八四一）年～明治四十二（一九〇九）年。明治時代の政治家。元は長州藩の足軽。井上馨らと密航して英国に留学、下関戦争で帰国し、収拾に当たり、以後、維新の原動力となる。明治政府の礎を築き、初代内閣総理大臣となる。その後、朝鮮総督となるが、ハルピンで安重根に暗殺される。

（8）国本武春…昭和三十五（一九六〇）年～平成二十七（二〇一五）年。浪曲師。三味線の弾き語りで新しい浪曲を語り、浪曲界を牽引する。テレビドラマやミュージカルにも出演、多彩な活躍をし、若手を多く指導した。

（9）九段坂…東京千代田区の地名。靖国神社がある。

（10）大阪造幣局…大阪北区にある、主に貨幣の製造に当たる独立行政法人。毎年春には、桜並木の通り抜けが一般公開されている。

（11）大村益次郎…文政七（一八二四）年～明治二（一八六九）年。幕末の武士で、医師で、軍学者。長州藩士。戊辰戦争で活躍。日本陸軍創設者として靖国神社に銅像が建っている。

《[浪曲] 英国密航》

浪曲のネタ。時は幕末、井上馨（聞多）、伊藤博文（俊輔）ら長州の若者五人が英国に密航する話。横浜からロンドンまでの道中付けの節が圧巻。広沢瓢右衛門・作、口演。国本武春が得意ネタにしていた。

ひ

左甚五郎

《三井《みつい》の大黒《だいこく》》《竹《たけ》の水仙《すいせん》》《ねずみ》

これも旅する有名人、左甚五郎《ひだりじんごろう》。知らない？

江戸初期の大工で彫刻家だ。作品も残っている。日光東照宮(1)の眠り猫(2)とか。飛騨の匠、三代目墨縄《すみなわ》(3)の弟子、飛騨の生まれで飛騨甚五郎が訛って左甚五郎、いや、日光東照宮造営のトラブルで右腕を斬り落とされ、以来左腕一本で仕事をしたから左甚五郎、など色々な説がある。

伝説的な名人で、エピソードの多くは講談ネタ。浪曲でもやる人が多い。初代京山《きょうやま》幸枝若《こうしわか》(4)、二代目広沢菊春《ひろさわきくはる》(5)、四代目東家《あずまや》三楽《さんらく》(6)ら、現役では、二代目京山幸枝若、沢孝子《さわたかこ》(7)らがやる。浪曲は滑稽ネタで、幸枝若の《竹の水仙》は最初から最後まで笑いが止まらない。沢孝子《猫餅《ねこもち》》はしみじみおかしい。

甚五郎の東海道の旅は波乱万丈、やはり名人の絵師と偏屈比べをしたり、妖怪退治までやったりする。

落語になっているものは、《三井の大黒》《竹の水仙》《ねずみ》がよく演じられている。

これは、二代目広沢菊春から三代目桂《かつら》三木助《みきすけ》[8]に伝わったものが大きな流れとしてある。

落語のうち《竹の水仙》と《ねずみ》が旅の噺になる。

それぞれ甚五郎のキャラクターも違うのは、甚五郎の年齢による。


《三井の大黒》は若い頃で、江戸へ出て来て政五郎[9]棟梁の家の食客となる。ボーッとしているから、他の職人から「ポンシュー」と仇名をつけられたりしている。このポンシューに三井家から大黒天の彫刻の依頼が来るという噺。

《竹の水仙》からが旅の噺。中年の甚五郎が江戸から京へ旅する。世の中を達観した芸術家肌の職人になっている。ところが、路銀を使い果たして一文なし。一文なしでも旅籠に泊まり、毎日、酒を食らう。《抜《ぬ》け雀《すずめ》》の若い絵師と似たところがある。


「どうするんです。三分二朱、どうやて払いなさる」

「ここらは竹が名物か。なら、一本持って来い」

「なんか作るのか」

「まぁ、見ていろ」


と作ったのが竹の水仙。

これを参勤交代で通り掛かった大名（毛利、細川など演者により異なる）が大金で買う。

落語はわりと普通だが、浪曲は金額を聞いた武士が高額なのに驚き、「無礼者」と旅籠の主人を殴り騒動になる。殿様に報告したら「安い」と言われ、買い損じたら切腹になる、そんな場面を軽快な節で聞かせ、田舎武士の右往左往で爆笑となる。

《ねずみ》は甚五郎晩年の奥州の旅を描く。


「俺はまだ奥州に行ったことがない。松島も見物したいし、塩釜様にも参りたい、瑞巌寺、山寺、そういうところも見たいんだ」

若い頃、無一文で旅したのを聞いているから、政五郎棟梁の息子がたんまり路銀を持

たせてくれての旅だ。

苦労人で達観した老職人が貧しい宿屋の父子のために、ねずみの彫刻を作るが、名人が真実魂を込めたねずみの彫刻は、ざるの中でちょろちょろと動き出す。宿敵、飯田丹下(10)との対決もある。

甚五郎の性格や、出会う人、旅の仕方も違ってくる。人の人生の面白さも描かれている気がする。

(1)日光東照宮…栃木県日光にある神社。徳川家康を祀っている。
(2)眠り猫…日光東照宮にある彫刻。左甚五郎の作といわれている。
(3)三代目墨縄…左甚五郎の師匠といわれている大工。
(4)初代京山幸枝若…大正十五(一九二六)年〜平成三(一九九一)年。関西の浪曲師。軽快でケレン味あふれる幸枝若節で人気を博した。得意ネタ、「左甚五郎」「寛政力士伝」「会津の小鉄」など。歌謡曲「浪花しぐれ春団治」もヒット。
(5)二代目広沢菊春…大正三(一九一四)年〜昭和三十九(一九六四)年。浪曲師。池上勇のペンネームで新作浪曲を多く創作、民間放送で大衆小説を浪曲化したり、落語浪曲なども口演した。
(6)四代目東家三楽…大正十一(一九二二)年〜平成二十五(二〇一三)年。浪曲師。浪曲全盛期に活躍、浪曲衰退の昭和後半〜平成時代においても「義士伝」などの本格派や「左甚五郎」などのケレンで客席を楽しませた。

（7）沢孝子…昭和十四（一九三九）年〜。浪曲師。師、広沢菊春の薫陶、脚本家の大西信行の指導を受け、ほとばしる声節の浪曲で活躍。得意ネタ「左甚五郎」、大西作品「雪おんな」など。

（8）三代目桂三木助…明治三十五（一九〇二）年〜昭和三十六（一九六一）年。落語家。若い頃は博徒の真似をして「隼の七」の異名をとった。《芝浜》で芸術祭奨励賞受賞、ＮＨＫ「とんち教室」で人気を博した。

（9）政五郎…落語や講談「左甚五郎」の登場人物。江戸に来た甚五郎の寝食の世話をする。息子の二代目は落語「ねずみ」に登場。

（10）飯田丹下…落語や講談「左甚五郎」の登場人物。甚五郎のライバルとして登場するが、あまり腕はよくないようだ。

《三井の大黒》

若き日の左甚五郎の話。江戸に来て行き場のない甚五郎は、大工の棟梁、政五郎の家の居候となる。他の大工たちから「ポンシュー」と仇名されているが、腕は確かで、政五郎は驚く。三井家から大黒天の彫刻の依頼が来て、ポンシューが甚五郎であると知れる。三代目桂三木助から、入船亭扇橋を経て、現在に受け継がれている。

《竹の水仙》

「は」参照

《ねずみ》

「め」参照

《猫餅》

浪曲ネタ。旅する甚五郎が、茶店の婆を助けるために、猫の彫刻を作る。

《抜け雀》

「ぬ」参照

も

桃太郎

《桃《もも》太《た》郎《ろう》》

桃太郎の話を知らない人はいまい。桃から生まれた桃太郎が犬、猿、雉を供に鬼ヶ島へ行き、鬼を退治し、金銀財宝を奪ってくる。似たような話は古今東西あらゆる時代、地域に存在する。

超人的な能力を持った子供が、鬼とか龍とか、あるいは自然災害など、得体の知れないものと戦う。時には仲間の力を借り、あるいは持って生まれた超人的な能力や修業で培った技を駆使して。

「桃太郎」から「ドラゴンクエスト」まで、そんな物語は世界中にある、それが男子の物語。

女子の物語の代表は「シンデレラ」[1]。王子様と結婚して幸福になった。結婚が幸福かどうかは別にして、つまりは子孫繁栄を教訓としている。男子の物語は外敵や自然災害と戦う、女子の物語は子孫繁栄、そんな教訓が物語にはある。

世界中に似たような物語があるのは、一つの話が海山越えてなんらかの方法で伝承されていったものもあるが、それぞれの土地で似たような物語が創作されて語り継がれたものもある。それらの教訓を伝える物語を持つ民族は世界のあちらこちらに存在し、そうした教訓の元に人々の営みが行われていたのだ。

さて、桃太郎の話。似た話は世界中にある。日本中にも、あちこちに桃太郎の物語はあるが、桃太郎の元祖はどこかと言うと、今のところ岡山が有力だ。桃の産地だし。桃太郎が犬、猿、雉に渡す黍団子(2)は、岡山の別称、吉備国に通じる。総社市には鬼が島もあり、橋があるので車でいくことが出来る。飛鳥時代から城があり、石垣が残っているそうだ。筆者は行ったことはない。

岡山でもいろいろな説があり、桃太郎＝神武天皇(3)説まである。

だが、物語「桃太郎」は場所を特定していない。「昔々ある所」。時代も特定していなければ、おじいさん、おばぁさんに名前もないのは、

「日本中の子供が誰が聞いても面白いと思うように、時代や場所を決めていないいん

だよ」

と説くのは、落語《桃太郎》に出て来る金坊だ。

子供の出て来る落語は、《桃太郎》《真田小僧《さなだこぞう》》《勉強《べんきょう》》など、生意気な子供が親をやりこめる噺が多い。

明治になって学校制度がはじまった。それまでは、読み書き算盤が出来れば、たいていはこと足りた。近代はそうはゆかない。若者に知識や考える力が必要だっていうんで、子供たちが小学校に行くようになった。

親をやりこめる話は、そうした時代背景もあるが、《雛鍔《ひなつば》》とか江戸を舞台にした噺にも、生意気な子供を面白く描く噺はある。

「犬、猿、雉だってね、これ無駄に連れているんじゃないですよ、お父つぁん、犬は三日飼ったら恩を忘れずって言ってね、忠義な動物なんですよ。猿は猿知恵って知恵がある。雉は勇気があるんですよ」

そんな説もあるんだね。ちなみに、猿知恵っていうのは、猿程度の知恵しかないことを言う侮蔑の言葉ではないかなぁ。

桃太郎は明治のはじめには、清国などの外敵と戦う象徴となったり、昭和になれば鬼を米英に見立てたりもした。そして、戦後、ＧＨＱ(4)をはばかった禁演落語(5)の中に《桃太郎》も加わっていた。理由、鬼が島を侵略したから。あー、やっぱり。鬼退治は侵略戦争だったんだ。

桃太郎は現代でも語り継がれている。その解釈、思惑が時代によって変わるのだろう。

（1）シンデレラ…世界的に知られた童話。魔女の力で舞踏会に行ったシンデレラが、王子様と結ばれる物語。

（2）黍団子…黍で作った団子。桃太郎を岡山の物語として、吉備の団子で、餅菓子とする説もある。

（3）神武天皇…「古事記」「日本書紀」で初代天皇とされる人物。天照大神の五代あと。日向を治めていたが、東征し、大和を制圧、日本国の礎を築く。

（4）ＧＨＱ…連合国軍最高指令官総司令部。General Headquarters。第二次大戦後、日本の占領政策を実施した機関。日本の民主化のため、民衆に影響のある芸能、文学などに関しても指導を行った。専門機関による、あくまでも指導、要請であったが、ＧＨＱの指導、要請は日本人には命令に聞こえ戦々恐々とした。

（5）禁演落語…昭和十六（一九四一）年、時局にふさわしくない、廓噺など落語五十三席を禁演とした自主規制。戦後解禁されたが、ＧＨＱをはばかり、民主的でない、女性を蔑視するなどの落語が新たに禁演落語となった。

《**桃太郎**》

昔の子供は「桃太郎」の話を聞きながら素直に寝たが、今の子供はそうはゆかない。学校で習った知識を駆使して親をやりこめる。寄席でもよく演じられているおなじみの落語。

《**真田小僧**》

こずかいが欲しい金坊と父親の攻防。頭のいい子供に父親が見事にやりこめられる。寄席などでよく演じられている。

《**勉強**》

子供の勉強に口をはさむ父親だが、無学だから、とんちんかんなことしか言えない。父親と子供のくだらないやりとりが爆笑。三代目三遊亭金馬が演じていたが、現在では演じる落語家がいない。

《**雛鍔**》

お屋敷の子供は無垢に育てられているので銭を知らない。「お雛様の刀の鍔ではないか」と言うのを聞いた職人の親父、自分の子供にも真似をさせようとする。

せ

関所

《関《せき》の扉《と》》《税関風景《ぜいかんふうけい》》

関所っていうのは随分昔からある。

日本では大化の改新（六四五年）の頃からあったらしい。中国では有名なのは、秦（紀元前二二一〜紀元前二〇六）の時代の函谷関《かんこくかん》(1)。

なんのためにあるかと言えば、城とか都市とか重要拠点の守備のための検問所、あるいは関所を設けて通行税を取ったりした。

鎌倉、室町の武家政権時代は、諸国に小領主が割拠し、それぞれが領地の入り口に関所を作り、領内を通る旅人から通行税を取った。戦国時代になると、通行税が戦国大名たちの貴重な収入源となり関所も強化された。ために商人や旅芸人はおおいに難渋をした。商人が物資を運ぶごとにいちいち通行税を取られては、流通が滞り経済が発展しない。織田信長《おだのぶなが》(2)は通行税のための関所を廃止し、流通の活性化を計った。同時に市からも税を取らなかった。経済を発展させたほうが利益を生む、発想の違いが大きい。

江戸時代は徳川幕府が五街道を整備したが、それぞれの街道に関所を設けて、江戸の守備の検問を行った。

「入り鉄砲に出女」、これが厳しく取り締まわれたのは、鉄砲を江戸に持ち込まれて叛乱を起こされては困るのと、出女は、大名の奥方、子供を人質として江戸屋敷に預かっている。これを領国に帰してはならぬからだ。女性が旅に出られなかったのは、このためでもあった。

東海道には箱根と、浜名湖の新居。とくに箱根は天下の険で、歌には「函谷関ものものならず」と歌われた。

中山道は碓井に木曽福島、甲州街道は小仏峠などに関所があった。奥州街道は房川渡し、これは利根川を行く船の荷物も取り締まった。江戸川にも、金町松戸関所、小岩市川関所が設けられていた。

関所を扱った落語はない。笑えるような場所ではなかったのだろう。とっとと通り過ぎてしまいたかった。

新作落語で《関の扉》、五代目古今亭今輔《ここんていいますけ》の自作作品。これは平安時代の逢坂の関(3)を舞台にした芝居の噺。平安時代も京を守備するため、西は龍田山(4)、東は逢坂に関所を設けていた。

その逢坂の関を守る関守の関兵衛、これが天下を狙う大伴黒主《おおとものくろぬし》(5)、その野望の前に立ちはだかるのが小町桜の精。ざっとそんな話で、これを素人芝居でやろうとして、いろいろ面白いことが起こる。小町桜の精の役を権助が代役でやることになるという《権助《ごんすけ》芝居《しばい》》の《関の扉》版。

芝居と言えば、「勧進帳《かんじんちょう》」(6)。安宅関で、義経一行を調べる関守の富樫某。逃亡者が主人公なら、関所もかなりドラマチックだ。

現代の関所と言えば、海外旅行に行く時の出入国検査か。パスポートを示して、違法な物品の持込がないかを検査する。

春風亭柳昇《しゅんぷうていりゅうしょう》(7)・作の《税関風景》なんていう新作落語は、海外旅行に行きはじめた頃の話。

「ダイヤモンドの領収書がありますね。申告を…。ダイヤモンドがありませんね」

「そんなはずはない！　確かに買ったんだ。あーっ、盗まれた」

出入国に慣れない旅行者たちのとまどいが面白かった。

（1）函谷関…中国河南省にあった関所。西が関中、東が中原。

（2）織田信長…天文三（一五三四）年〜天正十（一五八二）年。安土桃山時代の武将。天下統一に名乗りを上げ、武田、浅井、朝倉、本願寺、上杉、毛利らと戦う。志し半ばで、本能寺の変で明智光秀に討たれる。

（3）逢坂の関…山城と近江（現在の京都府と滋賀県）の境にある関所。都を離れる者との別れの場であり、古来文学に描かれた。

（4）龍田山…生駒山他最南端の山。大阪府と奈良県の境にあり、古代は関所が設けられていた。

（5）大伴黒主…生没不詳。平安時代の歌人。六歌仙の一人。歌舞伎「積恋雪関扉」では天下を狙う悪人として登場する。

（6）勧進帳…歌舞伎の演目。能「安宅」を題材に、奥州へ逃亡する源義経主従を描く。

（7）春風亭柳昇…大正九（一九二〇）年〜平成十五（二〇〇三）年。落語家。とぼけた味わいの新作落語で活躍。林鳴平のペンネームで多くの新作落語を創作。代表作《日照権》《免許証》《結婚式風景》など。

《関の扉》

素人芝居で「積恋雪積の扉」をやることになったが、桜の精役の役者が酒に酔ってしまう。五代目古今亭今輔・作、口演。

《税関風景》

海外旅行が普通になった時代、でも税関ではいろいろなハプニングが起こる。それらを描いた新作落語。春風亭柳昇・作、口演。

《権助芝居》

素人芝居で、急遽代役をすることになった飯炊きの権助。村では役者だったと言うが、「忠臣蔵」を「ちょうちんぶら」だと思っていたという、とんでもない役者。当然、舞台はとんでもないことになる。おなじみの一席。

す

相撲巡業

《稲川《いながわ》》《花筏《はないかだ》》

相撲は江戸と大坂に本場所があったため、江戸時代から東西交流が行われていた。江戸で負けが多いと、心機一転、大坂でやり直そう。なんてんで、上方に行く力士もいた。逆もあったろう。

《稲川》はまたの題を《関取千両幟《せきとりせんりょうのぼり》》(1)、大坂から江戸に来た力士の稲川(猪名川)(2)が主人公。江戸の場所に来て勝ち進むが、人気がまるでない。そら、そうだ。現代の外国人力士を見てもわかる通り、日本人力士をどんどん投げていてはなかなか人気にはならないのと同じだ。

「俺は江戸の水に合わないのか。大坂へ帰ったほうがいいのか」

悩んでいるところへ、乞食が訪ねて来る。

「実はね、あっしは関取が贔屓だ」

普通は乞食の分際で、と怒るところだが、はじめての贔屓だ。稲川は相手が乞食でも嬉しかった。乞食が祝儀に蕎麦をふるまいたいと言う。

「せっかくのおぼし召し、ありがたく頂戴いたします」

「ありがてえ、関取、お前、あっしの蕎麦を食ってくれなすったか」

この乞食は実は河岸の旦那の変装、上方の生意気な力士の本性を見ようと乞食に化けて来たのだが、乞食の差し出した蕎麦を食べた稲川の純粋な心根に打たれて、以来、河岸の旦那衆が稲川を贔屓にした。

人情噺がこの物語の前半。後半は故郷へ錦と、稲川一門が上方に巡業に行く。だが、今度は故郷を捨てて江戸で名を上げた稲川に大坂で銭儲けはさせられない、と大坂の興業師の横槍が入る。自主興業をやるが不入り、それでも一門に飯は食わせなければならず、稲川は借金を作る。そこへ大坂の本場所から声が掛かる。東の大関として出て連戦連勝の千秋楽、大坂の肝心元から持ちかけられたのは西の大関、鉄石との結びの一番で、八百長をやって負けて欲しいとの申し入れ。

今も昔もこんな話はあるんだね。稲川には借金があるよ。さぁ、どうする。後半は義太夫「関取千両幟」がおなじみ。三味線で櫓太鼓の曲弾き[3]もある。

東西交流だけでなく、相撲には巡業もあった。

「一年を十日で暮らすよい男」

何せ本場所は十日しかない。あとはただ稽古しているわけでなく、近郊の村々を巡業して稼いだ。

デモンストレーションの模擬相撲だけでなく、土地の素人相撲との勝負なんかもやって盛り上げた。田舎は力自慢がいて、土地の横綱だなんて威張っているが、商売人の相撲の敵ではない。三段目くらいの力士が土地の横綱をぶん投げて、「江戸の相撲は強いなぁ」なんて投げられた横綱も喜んだ。

《花筏》は、大関花筏の一行が巡業に行くことになったが、花筏が病で倒れた。見物は花筏見たさで集まって来るから、花筏を行かせないわけにはいかない。テレビのない時代だよ。代役を立てよう。太っていて花筏に似ている、提灯屋の親方に頼む。

「相撲をとってくれとは言わない。花筏は病で相撲はとれないと言ってある。土俵下に座っていてくれればいいから」

それならと代役を引き受けたが、熱望されて、土地の素人横綱、千鳥ヶ浜と対戦することに。太っているだけで相撲なんかやったことのない提灯屋、相手は素人とは言え土地の横綱。果たして対戦の行方は。相撲も本場所だけじゃない。巡業には旅ならではの面白さがある。

（1）関取千両幟…浄瑠璃の演目。義理ある借金のため八百長相撲をもちかけられ苦悩する猪名川と、彼を支える女房の物語。

（2）猪名川…江戸時代に実在した力士、稲川政右衛門。現在は、年寄り名跡。

（3）櫓太鼓の曲弾き…義太夫で、太棹三味線で行う櫓太鼓を模した演奏。途中、撥を投げたり、頭上で三味線を弾いたりなど曲弾きを見せる。

《稲川》

上方から江戸に来た力士の猪名川（稲川）は強いが人気が出ない。そこへ乞食が訪ねて来て、贔屓だと言う。乞食でも贔屓はありがたいと涙する猪名川。講談や義太夫の「関取千両幟」の前半を落語にしたもの。六代目三遊亭圓生が演じていた。

《花筏》

大関花筏が病になり、代役に花筏と似ていて太っている提灯屋の主人が雇われた。巡業先で、土地の素人相撲の横綱と対戦することになる。相撲なんかとったことのない提灯屋は驚くが、仕方なく土俵に上がることとなる。六代目三遊亭圓生が演じていた。

旅する有名人

本文でも歴史上の人物の旅は取り上げた。幕末に英国に密航した井上馨、伊藤博文ら、江戸の代表的紀行文「奥の細道」の松尾芭蕉、旅する名人、左甚五郎、ホントは旅してなかった水戸黄門など。

旅する歴史上の人物と言えば、紀行文の元祖は「土佐日記」の紀貫之、国司として土佐に派遣されていたから、確かな紀行文でしょう。「伊勢物語」で東下りが書かれている在原業平は実は関東には行ってなくて、近江あたりで擬似東下りしていた、なんていう説もあるそうだ。東京スカイツリー前に駅名を変えられた業平橋の立場がない。

一方の色男、光源氏は政争に負けて播磨の須磨に左遷され旅している。須磨って大坂から電車で一時間じゃん。っていうか光源氏は実在の人物じゃない。実在の人物じゃなければ、かぐや姫は月から地球に来ている。ついでに言うと、竹取の翁夫妻も、富士山に登っているから、ずいぶん長い旅をしている。

江戸時代になると、旅も本格化。伊能忠敬は地図を作り、間宮林蔵は蝦夷を旅し、平賀源内も長崎から秋田まで旅している。旅の話はなかなか尽きない。

あとがき

百万円自由に使っていい臨時収入があったらどうしますか、という質問の回答の第一位が「貯金する」だって。夢も希望もない。でも、第二位は「旅行に行く」だ。やはりお金があったら旅行に行きたい。豪華客船で世界一周は無理でも、普通にヨーロッパ一周、外国は面倒くさいから、北海道か九州、南の島でのんびりするのもいい、箱根か伊豆の温泉でも。だんだん夢がなくなる。でも、どこに行くのでも非日常。一日中乗り物に乗って、見たことのない景色を見て、ご馳走食べて。そういうのが、なんかいい。

現実は、観光地の高くてうまくない菓子なんか食べちゃったり、山の旅館なのに刺身が出て来たり、碌なもんじゃないのかもしれないけれど、それはそれで楽しいんだ。

江戸時代くらいから、富裕層が生まれて、遊山旅に行く人も出て来る。江戸っ子は「一生に一度は伊勢参り」、おそらくほとんどの人が伊勢に行くことなんてなかったんだろうけれど、行った人も何人かはいて、「いつかは行きたいね」なんて言うことが楽しかったんじゃないか。

また江戸の人は、年に一回は大山詣り、これは団体旅行ね。仲のいい町内の連中で講を作って金を積み立てて行く。信仰と観光と親睦の小旅行。さらに足を伸ばして、富士詣りに行く人もいた。日蓮宗なら身延詣り、真言宗なら、かなり近場で川崎大師、これだって六郷の渡しで川を渡るから、かなりの旅気分が味わえた。

鉄道もバスもない時代だけれど、ちょっとした旅は案外楽しんでいた。

旅に行かれることが余裕でもあり、非日常を楽しむことが出来るのが、文化的な人間らしい暮らしなのかもしれない。そして、すぐに日常に戻らなければならない。旅行から帰った昭和のおばちゃんたちは決まって言っていた。

「やれやれ、うちが一番ね」。

本書は二〇〇六年に刊行した『食べる落語』、そのあとの『恋する落語』『はたらく落語』のシリーズ。刊行にあたり、教育評論社、久保木さんにご尽力を賜った。ありがとうございます。

令和二年七月

稲田和浩

稲田 和浩［いなだ かずひろ］
1960年東京出身。作家、脚本家、日本脚本家連盟演芸部副部長、文京学院大学講師（芸術学）。落語、講談、浪曲などの脚本、喜劇の脚本・演出、新内、長唄、琵琶などの作詞、小説などを手掛ける。
主な著書に『落語からわかる江戸の食』『落語からわかる江戸の死』『はたらく落語』（教育評論社）、『浪曲論』（彩流社）、『にっぽん芸能史』（映人社）、『落語に学ぶ大人の極意』『水滸伝に学ぶ組織のオキテ』（平凡社新書）、『そんな夢をあともう少し—千住のおひろ花便り』（祥伝社文庫）など。

いろは落語づくし肆
落語からわかる江戸の旅

2020年11月22日　初版第1刷発行

著　者　稲田和浩
発行者　阿部黄瀬
発行所　株式会社　教育評論社
〒103-0001
東京都中央区日本橋小伝馬町1-5　PMO日本橋江戸通
TEL 03-3664-5851
FAX 03-3664-5816
http://www.kyohyo.co.jp
印刷製本　萩原印刷株式会社

ISBN 978-4-86624-033-6　C0076